U0117627

趙尺子著

趙尺子先生全集

第六冊　因國史

文史哲出版社印行

國家圖書館出版品預行編目資料

趙尺子先生全集 第六冊：因國史 / 趙尺子
著. -- 初版 -- 臺北市：文史哲, 民 108.06
頁； 公分
ISBN 978-986-314-473-1（平裝）

1.論叢

078 108008747

趙尺子先生全集 第六冊

因 國 史

著 者：趙 尺 子
出 版 者：文 史 哲 出 版 社
http:// www.lapen.com.tw
e-mail：lapen@ms74.hinet.net
登記證字號：行政院新聞局版臺業字五三三七號
發 行 人：彭 正 雄
發 行 所：文 史 哲 出 版 社
印 刷 者：文 史 哲 出 版 社
臺北市羅斯福路一段七十二巷四號
郵政劃撥帳號：一六一八〇一七五
電話886-2-23511028 · 傳真886-2-23965656

九冊 定價新臺幣三〇〇〇元

民 國 一 〇 八 年 （ 2019 ） 六 月 初 版

著財權所有 · 侵權者必究
ISBN 978-986-314-473-1 08383

趙尺子先生全集 總目

因國史

趙尺子先生著

吳敬恒題

因國史序

臧啓芳

因國云者，第五縱隊僭政之國家也。其首長稱兒皇帝、傀儡或漢奸，其機構則稱附庸國、僞政權或僞國家。 蔣總裁所著「中國之命運」書中有「國家內的國家」、「政權內的政權」兩詞，義爲帝國主義豢養中國漢奸所組織之僞國，實乃因國二字最平易之譯名。趙尺子先生自春秋穀梁傳董理此一古代政治學說，復以春秋三傳甲骨金石羣經諸史證之，寫成因國史，凡十餘萬言。其第一第十兩章曾刊拙編反攻半月刊，引起讀者極大興趣，蓋以其能發掘古代社會史與古代政治學上千古失傳之秘也。今讀全書列舉夏商周三代近四十個因國，尤於春秋時代諸因國考據爲詳。向者吾人讀春秋三傳，徒知臣弒其君，子弒其父，謂爲「春秋無義戰」；而不知臣究爲何弒其君，子究爲何弒其父，無義之戰究爲何發生？今趙君一一指出其原因均在當時侵略國家之建立因國：蓋弒君之臣必先爲侵略國之兒皇帝而後弒其君，弒父之子亦必先爲侵略國之傀儡而後弒其父，此種戰爭當然非「義戰」，於是吾人讀春秋三傳者，始不復目迷五彩，而豁然貫通。若謂自漢晉而來研究三傳者，當以君爲獨具慧眼之一人，似非過譽。抑以因國史中隨處與毛記兒皇帝及僞「中華人民共和國」相比較，正如巨犀高照，狐狸自無遁形。君從政治學史立場上建立反共抗俄之理論，較諸自由主義者之不辨忠奸，文化主義者之不着邊際，爲獨握其要領矣。

余識趙君在九一八前，時君主筆瀋陽各報，卓然有聲譽。事變旣作，君激於攘夷大義，領導遼西義軍，轉戰經年，時人稱爲「記者司令」。其後，深入穹廬，十年仗策，與日閥所建偽蒙、偽藏、偽回回諸因國門智而一一瓦解分化之。讀者倘爲憶及抗戰期間風行一時之「塞上風雲」影片者，余今始可稍揭其本事，其中所謂「東北青年」（陳天國飾）及「金花」（黎莉莉飾）者，即君與其同志金庭樾、竇自修、鮑國卿、谷易非諸人之化身，而所謂日本間諜「迪魯瓦」者，則潛伏蒙古十餘年之笹目恆雄，爲君等在青海所逮捕者也。日閥甫降，國軍未能即出，其間活躍大青山下，而高舉青天白日黑十字旗者，實君請命中樞所組織之騎兵挺進總隊，以陳秉義（偽綏西聯軍第一師長）、徐棨侯（偽厚和市長）及王英（偽綏西聯軍總司令）爲三個縱隊司令，光復歸綏（徐棨侯）、包頭（陳秉義）及大同（王英），拒毛匪姚喆等部於城郊，迎國軍東進者焉。——君久與偽組織相抗爭，遂亦潛心研求歷史上偽國家建立之經緯，曾以工作之暇精讀廿五史一週又半，成周代史數十萬言，因國史者則君專攻周史之副產品也。君旣精通日閥導演我邊疆諸偽組織之內幕，復熟研中西歷史上偽國家產生消滅之過程，學識經驗兩臻其美，今著因國史，自爲歷史學中之創作，亦可供研究者之參考，對於學術上之貢獻，非淺鮮也。因樂爲之序。

因國史

趙尺子

第一章　因國的產生過程

毛記僞組織與「因國」　穀梁傳莊三十年發現「因國」一詞，原文云：

「桓，內無因國，外無從諸侯，而越千里之險，北伐山戎：危之也。」

「因國」是怎樣性質和什麼型式的國？何以必須有「因國」才能對外作戰而不危險？據晉范甯註云：

「內無因緣山戎左右之國爲內間者。」

此釋「因國」爲由「內間」主持之國，與今日所稱僞組織、僞國家、傀儡政權、「兒皇帝」或附庸國同誼。就是說，甲國如果企圖侵呑乙國，先須在乙國國內，扶置「內間」，使之與乙國的中央政權相對立，相抗爭：當侵略開始之後，甲國用兵由外往乙國裏邊打，「內間」在乙國裏邊內應，便能獲得滅亡乙國之效。這是第一類型。或者根本不須用兵，只暗地支援這種「內間」，使他逐漸長大，篡奪中央政權，僭號新國，也可達成侵略目的。這是第二類型。日本侵我爲第一類型；蘇聯侵我爲第二類型。

這種「因國」，最初發現在有窮氏侵略有夏氏的戰史上，約在公前二一七〇年左右。據左傳等古代戰史的記載，有窮氏的酋長（后）名字叫羿，企圖滅亡有夏氏（以禹爲圖騰的夏氏族），他便把有夏氏的聯族名羲氏、和氏拉攏爲「內間」（所謂「黨于羿」），嗾使它在有夏氏的種族聯盟中「獨立」；並把有夏氏的酋長——亦即當時種族聯盟盟長太康的弟弟名爲仲康者，扶置爲「內間」，援助他和哥哥太康，爭奪政權。當仲康羲氏和和氏暴動爆發之後，羿便從外打來，裏應外合，推翻了太康：羿於是統治了有夏氏和種族聯盟。但依照種族聯盟的習慣，羿如直接行使統治權便係非法，不能獲得擁護；他遂把仲康裝成傀儡，坐在太康扔下的寶座上，成爲有夏氏名義上的酋長兼種族聯盟盟長，而把自己作爲傀儡的牽線者，在仲康背後導演着傀儡戲：這便是中國歷史上最古的「兒皇帝」。

這段歷史也見於僞古文尙書的「五子之歌」，原文云：

「太康尸位，以逸豫滅厥德，黎民咸貳……有窮后羿，因民弗忍，距于河。」

這裏的「因民弗忍」所用的「因」字，與上文「因國」的「因」字相同，係中國古代史上的一種極重要的政略、戰略或戰術，「因國史」第二章對這一點曾有闡明，文云：

「『因民弗忍』這個『因』字，讀者千萬不可輕輕看過。這個『因』字和仲孫湫所謂『因重固』及孫武子十三篇所述組織『內間』『鄉間』（間諜）所用的『因』字，同是政略史或戰略史上的大秘密。

「用現代語註釋起來，『因』就是『利用』，就是『拉攏』，就是『收買』，也就是『滲透』。『因民弗忍』就是利用他國官民的不滿和不平。惟有利用他國官民的不滿和不平的情緒，才能組織『因國』——傀儡政權、僞國家、僞黨和僞軍。也惟有如孫武所說：『因其鄉人而用之』，『因其官人而用之』，才能在他國國內扶置『鄉間』和『內間』即第五縱隊。

「『因』戰略或『因』政略實爲四千年以來——羿以來世界史上許多『因國』——傀儡政權、僞國、僞黨、僞軍、武裝間諜團——總名爲第五縱隊的東西的組織要領。」

在這一大秘密被發現前後，我陸續寫成三十萬字的「因國史」（原名「僞國家史」），從仲康、祿父、微啓三個「因國」寫起，在春秋時代寫出宜臼、叔帶、子朝、夷吾、重耳、欒盈、蒯聵等三十六個「因國」，在漢朝到淸朝寫出韓王信、盧芳、石敬瑭、張邦昌、劉豫、吳天祐、李自成等「因國」，在民國以來寫出哲布尊丹巴（帝俄所建）、善耆、柴巴桑、溥儀、殷汝耕、王克敏、汪精衞、德穆楚克棟魯普（以上均日本所建）和毛澤東（蘇俄所建）等「因國」——共八十多個「因國」。

在西洋古代史上有希臘的喜西亞「因國」，中古史上有法蘭西的伯良地「因國」，在近代史上，則有希特勒在挪威的吉士林「因國」，在捷克的漢倫「因國」，在奧利地的科里特「因國」，在荷蘭的木戈爾「因國」，在比利時的德格里「因國」，在匈牙利的巴施「因國」。今天所謂蘇俄「鐵幕」裏的列國——包括毛澤東在內，通統是「因國」，即由蘇俄在列國扶置的「內間」（第五縱隊）所主持的偽國家。這種「因國」，如拙作「開始第二抗戰」（三十七年北平版）所說：

「『因國』是古代軍事學上的一老名詞。這個名詞，近一千五百年已經失傳；但事實還是存在。就是說，名義上有甲乙這兩個國家（例如蘇俄和「中華蘇維埃共和國」），實際上，乙國却是甲國一手製造出來的傀儡或『兒皇帝』，乙國的首長是甲國的『內間』，是甲國的第五縱隊頭子，是甲國的工具，是甲國的附屬品。乙國除了名義上有個國名及年號外，一切土地人民主權都聽憑甲國所控制所運用。

「二千多年以前的所謂『因國』，正是今天毛澤東與蘇俄的關係。蘇俄在中國之內製造『國家內的國家』（詞見　總裁所著『中國之命運』一書），用這『國家內的國家』作爲蘇俄在中國的『內間』團體——第五縱隊或武裝間諜團。蘇俄運用毛澤東這一『因國』，困擾中國，以達到吞併中國的目的。因此儘管毛澤東是『中華蘇維埃共和國』的『主席』也好，或是『中國共產黨』的『主席』也好，便是『中華人民共和國』的『主席』也好，都不成其爲『主席』，他只是蘇俄在中國的『內間』、工具、附屬品和傀儡。——『兒皇帝』。」

以上文句擇自原題爲「中美關係與匪蘇關係」一文中，係三十七年四月間我在國立長白師範學院的講稿，後來發表於瀋陽和平日報，同年底收入拙著「開始第二抗戰」中。那時爲「中華人民共和國」還是一個擬議中的偽國家，現在不幸而言中，成爲事實，毛逆澤東也畢竟「榮任」偽「主席」了。我相信，用二千年前的「因國」說明偽「中華人民共和國」的性質，三年前是正確的，三年後的今天也是正確的，便在三百[illegible]也是正確的。毛逆澤東與仲康、石敬瑭、溥儀、汪精衛……等等，同爲中國列朝的「

兒皇帝」。

氏族戰爭制度　　上面引文用「利用」、「拉攏」、「收買」、「滲透」四詞釋「因」。換句話說，古代的「因」字不作「因爲」或「原因」解，再換一句話說，古代的「因」字——至少春秋時代的「因」字，是「用間」（孫武子十三篇有「用間」篇）的戰術，即「滲透」的戰術。感謝董作賓教授的啓示，現在我可以發表：「因」是中國古代氏族社會的氏族戰爭中的一種作戰制度。「用間」的戰術，「滲透」的戰術，都是這種作戰制度的高級演化物。「因」的原始意義即「姻」，係女性中心的氏族社會時代男子出嫁的制度。

「因」字見於甲骨文，造於殷代，距今已有三千餘年。「因」字從口，與國字外廓的口相同。國字的外廓是指領土——土地之事（參見遠東月刊拙作「孔子的因國說」）。從大，與大篆人字相似。大篆人字作𠘧，象人跪拜，指身份低微之人而言；「因」字內之人業已起立（聞一多說）。按照西洋古代社會學說，氏族社會中甲氏族的男子是嫁給乙氏族的。甲氏族的男子在甲氏族中的地位不高，寫成𠘧字，正指明他的身份；但他嫁給乙氏族之後，已經失去原來的身份，寫成大字，也正是指明他的新的——高的身份。「因」字從口，指氏族的領土，從大，表示氏族中娶來一個新人。

「因」字到了周代（？），才寫成「姻」字，這說明氏族社會男子出嫁的制度，已被揚棄：演化到男性中心時代的女子出嫁制度了。

我國古史上有否男子出嫁的制度？曰：有。史記鄭世家載稱：

「鄭使子產於晉。平公曰：『卜而曰：實沈、台駘爲崇。史官莫知；敢問？』對曰：『高辛氏有二子，長曰閼伯，季曰實沈，居曠林，不相能也；日操干戈以相征伐。后（帝堯即高辛）弗臧，遷閼伯于商丘，主辰，商人是因；故辰爲商星；遷實沈於大夏，主參，唐人是因……實沈，參神也……台駘，汾洮神也……』平公曰：『善！博物君子也。』厚爲之禮。」

平公稱贊子產是「博物君子」，是說他是一位古史家。古史家的子產根據古史告訴我們：閼伯「因」於商人，實沉「因」於唐人，這分明是說「姻」於商唐兩個氏族去的意思。（這可見我國社會在高辛氏以前還是女性中心社會。）

甲氏族的男子出嫁給乙氏族之後，他便在乙氏族中成了有地位的人，所以寫成大字，由閼伯出嫁給商氏族，便成為商族的始祖，被奉為商神，實沉出嫁給唐氏族，便成為唐族的始祖，被奉為參神，可證。這個在乙氏族中取得地位的人，對於他的本氏族（即甲氏族）必會保持良好的關係。倘使一旦甲氏族和乙氏族發生了戰爭，他必會對他的本氏族發生向心力：就是說，當甲氏族來打乙氏族時，他必會內應甲氏族的。這一點，是甲氏族所以把男子出嫁給乙氏族的戰術企圖，換句話說，甲氏族為了合併乙氏族，才出嫁它的男子到乙氏族中去作「埋伏」和作「內線」。這和近代帝國主義為了侵略別國，必在別國「埋伏」第五縱隊，成為有趣的對比。氏族社會的「因」（姻——結婚）正為了作戰。近代第五縱隊戰術一名為「滲透戰術」，則古代的「因」也正是「滲透戰術」。我之用「滲透」釋「因」，自信是絕對正確的。

這樣（男子出嫁合併他族）戰術，我在既有的古史料中還找不出例證；但相信將來總會找到。現在僅能舉出女子出嫁後內應母國的實例作證。這種史例在周朝——特別春秋到戰國多到不可勝數，最有名的是西施小姐。她由越國出嫁吳國，作了吳王夫差的妃。當越王勾踐沼吳之前，她作了內應工作。不但女子出嫁後會內應她的母國，便是她所生之子，也不例外，如申氏族的女子（申后）嫁給周氏族（幽王），生出宜臼（即平王）；到申氏族的酋長（申侯）和周氏族的君長（幽王）戰爭的時候，宜臼也內應了申氏族（他的生母申后自然是和他沆瀣一氣的）。進一步發展起來，出嫁的女子不但內應她的本氏族，便對和本氏族友好的氏族也是內應的，例如有施氏和殷氏族友好，有施氏的末喜嫁給夏氏族，到殷氏族伐夏的時候，末喜便內應了殷氏族；有蘇氏和周氏族友好，有蘇氏的妲己嫁給殷氏族，到周氏族伐殷的時候，妲己也會內應周氏族。春秋時代有個出名的故實：鄭厲公篡位後，祭仲專政。公前六九七年夏，厲公派雍糾刺殺祭仲。雍糾的老婆是祭仲之女，她從女婿口中探出這個秘密，請教她的母親（祭仲的老婆）；母親說：「人盡夫也！」於是她向父親祭仲去告女婿的密：結果祭仲先發制人，殺死雍糾，厲公也便出亡了。「人盡夫也」這一觀念，現在看來，大有「女匪幹」的味道；但正是氏族社會觀念的遺留，也正是女子偏向母族的證據。史記吳起列傳：「吳起，衞人也。事於魯君。齊人攻魯，魯欲將吳起。吳起娶齊女爲妻，而魯疑之：吳起於是殺其妻以明不與齊也。魯卒以爲將。」魯人所以疑吳起，正以他娶的是齊女，怕這齊女作了西施——女匪幹。這也是證據。

如上所述，在古代氏族戰爭中，出嫁的男子（及以後出嫁的女子）會作本氏族（母氏族）的內應，裏外夾攻他（及她）所嫁給的氏族：這便是原始的「因」的戰術即戰爭制度的眞像。在那種戰爭制度下，出嫁的男子（或女子）無異是他（或她）本氏族派到異氏族裏去的第五縱隊即「內間」，足證上段所引「因國」註所謂「內無因緣山戎左右之國爲內間者」是很優良的註釋。董作賓教授對這註也認爲「似可從」。

周朝以後，氏族社會早已不存，農奴制的封建社會業經成立，不但沒有男子出嫁（「因」）作「內間」的事，便是女子出嫁（「姻」）作「內間」的事，也不佔重要的比重（當然還是有，見下文），於是由「因」演化而成「質子制度」：天子爲了控制諸侯，固然是招來諸侯之子，使爲「質子」，妻（「姻」）之以女，俾這女子和「質子」回到他本國之後，對天子發生向心力——這就是所謂「甥舅之國」；就是甲諸侯爲了吞併乙諸侯，也是招來乙諸侯之子，使爲「質子」，妻（「姻」）之以女，使這女子和「質子」回到他本國繼承侯位之後，對甲諸侯効忠。——「兒皇帝」起於此，傀儡政權亦起於此，「因國」一個名詞便成立了。可惜那時的古人也會數典忘祖：不通曉「因國」的原始義意，只把它當作一個戰略或戰術應用着。

這種作戰制度到了漢朝，成了有名的「和親」。婁敬這位先生當是熟讀了古代史的。

在歐洲中古史上的「女皇」制度，也是歐洲氏族社會「因」作戰制度的遺跡。英皇的女子嫁給法蘭西的伯艮地侯爵。在百年戰爭中，伯艮地便成了英皇的「因國」。

「因國」產生的三種過程

「因國」的首長名爲「兒皇帝」。在春秋時代以前，「兒皇帝」的產生過程是怎樣呢？作賓先生抄來的首片甲骨文（參見反攻半月刊第七期），使我解決了四年來懸在心中的一個大問題。——董先生來函「翌啓因」三字，補正了拙作「因國史」第二章：「仲康和相」。

「翌」即上文提到的羿，「啓」即上文太康的父，禹的長子。「翌啓因」即「羿啓姻」。羿和啓是舅婿，羿的女子嫁給啓，生了仲康（即武觀、五觀），仲康是羿的甥。但啓的另一妃（必是正妃）生了太康，與仲康爲異母兄弟。太康法定可以繼啓爲夏后；仲康不能繼承政權，他於是叛變了，據竹書紀年載：

「帝啓十一年，放王季子武觀於西河。十五年，武觀以西河叛。彭伯壽帥師征西河；武觀來歸。」

這便是所謂「五觀之亂」，在啓還活着的時代已經發生過了。啓死，太子太康繼位；來歸的仲康（即武觀）要和哥哥太康爭奪帝位，便去「勾結」他的外祖父——羿；羿恰好要侵略夏族，便來「利用」他的外甥——仲康。他倆相互「勾結」、「利用」的結果，加上羿導演羲氏、和氏的「獨立」：於是出現了仲康的「因國」——仲康作了羿的「兒皇帝」。

仲康這個「兒皇帝」是「翌啓因」（羿啓姻）的產物。這段古史的寫定，絕不出諸我的主觀，在拙作「因國史」上留有完整的史例，列表比較如下：

年代	舅	婿	甥	史實	備考
約公前二一九七年	羿	啓	仲康	仲康成爲羿的「兒皇帝」；至少康光復。	參見因國史第二章
約公前七八一年	申侯	幽王	平王	平王成爲申侯的「兒皇帝」；但立即作了狄托。	參見因國史第四章

公前七〇一年	宋莊公	鄭莊公公子突	公子突成爲宋莊公的「兒皇帝」；二年後作了狄托。	參見因國史第八章四節
公前六八七年	齊襄公	衞宣公公子朔	公子朔成爲齊桓公的「兒皇帝」，作了四十年毛澤東。	參見因國史第八章五節
公前六三七年	秦穆公	晉文公	晉文公本身成爲秦穆公的「兒皇帝」；但立即作了狄托。	參見因國史第五章
公前六二七年	楚(?)王	鄭文公公子瑕	公子瑕幾乎成爲「兒皇帝」。	參見因國史第八章一五節
公前六一三年	晉(?)公	邾文公捷菑	晉導演捷菑爲「兒皇帝」；但未成。	參見因國史第八章一六節

據上例，除晉文公爲不完全之例，其餘五例都和「翌啓因」絕對相同。我們由這些例證，可以推定仲康的「因國」確是史實。何況甲骨文中業已寫明？

總結上文，我們知道了最早的「兒皇帝」是依照血緣關係而產生的。我把這類型的產生過程，叫作「血緣因期」。這一期的特徵是，甲國或甲氏族要在乙國或乙氏族裏產生「兒皇帝」，便把女子或男子出嫁給乙國或乙氏族的首長，待他或她生下兒子，這兒子便（或可能）作了甲國或甲氏族的「兒皇帝」。這一期，在中國是由夏朝直到春秋時代。

第二期，我叫它作「重因期」。這一期的開始，大約在春秋中葉，即魯閔公元年，公前六六一年。這一年，魯國內亂，公子慶父要篡殺閔公。齊桓公派遣古代的馬歇爾——仲孫湫前往考察。仲孫湫回國對桓公報告說：

「不去慶父，魯難未已！」

桓公說：

「若之何而去之？」

「難不已，將自斃。君其待之。」

「魯可取乎？」

「不可：猶秉周禮。——周禮，所以本也。臣聞之：國將亡本必先顛，而後枝葉從之。魯不棄周禮，未可動也。君其務寧魯難而親之。——親有禮，因重固，間攜貳，覆昏亂：霸王之器也。」（引自左傳閔元年）

「因重固……霸王之器也」這兩句話是「重固因期」的重要理論。什麼叫作「因重固」？

「所謂『因重固』，用現代語意譯過來，便是利用他國的貴重有力的人物，作爲侵略國的傀儡。四千年前的夏代，當係種族聯盟時代。那時代的貴重有力人物是氏族首長：所以窮國的羿爲了滅亡夏朝的太康，便首先發明了『因夏氏以代夏政』的策略。這引文裏的『因』字初見於左傳襄四年（公前五六九年），比仲孫湫初用『因』字遲了九十二年。書經虞書五子之歌序文上也用過『因民弗忍』，當較左傳襄四年所引者爲尤晚：所以不妨說仲孫湫是使用『因』的策略的第一個理論家，即第一個『偽國家論』（因國論）寫作者。

「到了殷周春秋時代，貴固的人物已變爲君主。圖霸的國家即帝國主義國家，如欲控制鄰國或被滅亡的國家，必得先利用鄰國的君主——扶置他成爲傀儡或『友好政權』（這四字是赤色帝國主義扶置偽國家時，所用的美名），使鄰國人民擁護其君主，便是間接擁護霸主：到了仲孫湫才正式創造了『因重固』的一個成語。」

拙文題爲「仲孫湫」，發表於三十六年四月份「智慧」（上海版）上。這文章裏所敘述的史實，特別是有關仲康的一點，時代性已感有誤（他是屬於「血緣因期」的人），可用本文予以補正。——「利用他國的貴重有力人物，作爲侵略國的傀儡」是「因重固」的確解，到今天還是不錯的。

從仲孫湫提出「因重固」一個理論，「重固因期」便告開始。他的理論的先驅者是周朝的史佚。左傳襄十四年引史佚之言曰：

「因重而撫之。」

還是「姻重」（和鄰國貴重人物結婚）的意思。但到了仲孫湫時代，「因」字完全揚棄了（或被忘掉了）「姻」的原義，成爲冰冷冷的軍學用語——「利用」、「拉攏」、「收買」和「滲透」成爲「因」的註釋了。

我們可在下表中看出這一期的特徵：

年代	侵略者與被侵略者	被侵略者國內重固人物	備考
公前七二二年	衛侵鄭	利用鄭公子滑	參見因國史第八章一節
公前七二〇年	鄭侵宋	利用宋公子馮	參見因國史第八章二節
公前七〇二年	秦侵芮	利用芮失國君主萬	參見因國史第八章三節
公前六九五年	陳侵蔡	到用蔡公子季	參見因國史第八章六節
公前六八五年	莒防齊	利用齊公子小白（註）	參見因國史第八章七節
公前六七五年	衛侵周	利用周王子頹	參見因國史第八章八節
公前六七〇年	北戎侵曹	利用曹庶子赤	參見因國史第八章九節
公前六六〇年	齊侵魯	利用魯公子申	參見因國史第八章一〇節
公前六五一年	秦侵晉	利用晉公子夷吾	參見因國史第五章
公前六四三年	宋侵齊	利用齊公子昭	參見因國史第八章一一節

公前六三四年	北狄侵周	利用周王子叔帶	參見因國史第四章
公前六三四年	魯、楚侵齊	利用齊公子雍	參見因國史第八章一二節
公前六三二年	晉侵衞	利用衞貴族元咺	參見因國史第八章一三節
公前六三〇年	晉侵鄭	利用鄭公子蘭	參見因國史第八章一四節
公前六二七年	楚侵鄭	利用鄭公子瑕	參見因國史第八章一五節
公前六二〇年	秦侵晉	利用晉公子雍	參見因國史第五章
公前六〇六年	曹侵宋	利用宋武族、穆族	參見因國史第八章一八節
公前五九八年	晉侵陳	利用陳倖臣孔寧儀	參見因國史第八章一九節
公前五八四年	晉侵衞	利用衞貴族孫林父	參見因國史第八章二〇節
公前五七三年	楚侵宋	利用宋貴族魚石	參見因國史第八章二一節
公前五五〇年	齊反晉	利用晉權臣欒盈	參見因國史第六章
公前五四八年	晉侵齊	利用齊權臣崔杼	參見因國史第六章
公前五四一年	齊侵莒	利用莒公子去疾	參見因國史第八章二二節

公前五三〇年	齊侵北燕	利用北燕失國君王款	參見因國史第八章二三節
公前五二九年	吳抗楚	利用楚公子比、棄疾	參見因國史第七章
公前五二一年	陳侵宋	利用宋貴族華亥	參見因國史第八章二四節
公前五一七年	齊侵魯	利用魯失國君王稠	參見因國史第八章二六節
公前五一六年	楚、鄭侵周	利用周王子朝	參見因國史第八章二五節
公前四九九年	曹侵宋	利用宋貴族樂大心	參見因國史第八章二七節
公前四九三年	晉侵衞	利用衞太子蒯聵	參見因國史第六章

註：小白卽齊桓公，此以上均在仲孫湫以前。

從公前七二二年到四九三年，所「因」的「重固」人物是失國君王、王子、太子、公子和貴族（倖臣也是貴族）。在「血緣因期」，所「因」（姻）的人是女婿是外甥；在這一期，所「因」的人與其「因」者不重「血緣關係」，只看他在他本國有權有勢，便可「利用」來作「兒皇帝」了。這說明春秋中葉以後，貴族上場，已成為「重固」人物。如果乙國的貴族和甲國的侵略者利害一致，便不問是婿甥與否，都可「拉攏」來「利用」一下。

時代再向前進：西漢時，韓王信和盧綰等成為「重固」人物（由平民變成軍閥），和匈奴利害相合，匈奴便加以「利用」，幾乎建立起「因國」來。東漢的盧芳，五代的石敬瑭和劉崇，北宋的張邦昌和劉豫，南宋的吳天祐，明末的李自成和吳三桂，也都是「一世之雄」，便成為外族的「因國」或「因軍」（

僞軍）了。

第三期，我名之爲「信仰囚期」。這時期的特徵是，「血緣」的成份業已毫不存在，「重固」的成份也不佔主要的比重；而單純運用「信仰」作爲內容，就是利用「宗教」、「學說」和「主義」來作「滲透」：乙國的人「信仰」了甲國的「宗教」、「學說」，特別是「主義」，這個人便被製造成爲「兒皇帝」了。這一期，從十九世紀正式開始。帝國主義運用「主義」到中國來扶植「囚國」，計自民國元年，列表如下：

開始年代	侵略者	所用「主義」	「兒皇帝」	僞黨名	僞國名
民元	帝俄	民族主義	哲布尊丹巴		蒙古帝國共戴皇帝
民元	英	民族主義	達賴		西藏政府
民元	日本	民族主義	善耆	宗社黨	後淸帝國
民十	蘇俄	民族主義共產主義	蘇克巴都	蒙古青年黨	蒙古人民共和國
民二十一	蘇俄	共產主義	毛澤東	中國共產黨	中華蘇維埃共和國
民二十一	日本	王道主義	溥儀	協和會	滿洲國
民二十二	蘇俄	民族主義共產主義	大毛拉		東土耳其斯坦共和國
民二十四	日本	自決自治	殷汝耕		冀東防共自治政府

民二十五	日本	民族主義	德穆楚克棟魯普		蒙古聯盟政府
民二十六	日本	新民主義	王克敏	新民會	華北自治政委會
民二十九	日本	新三民主義	汪精衛	新中國國民黨	國民政府

還一期的特徵，還有兩點：第一、用「信仰」作「滲透」而建立的「因國」，比一二兩期都較為頑强：這種「兒皇帝」不容易變成狄托，特別毛澤東「兒皇帝」是絕對不會變為狄托的，因為他的偽黨偽軍都被蘇聯的「主義」所「滲透」了。第二、「共產主義」比較上述其他的「主義」「滲透」得更深刻，更廣大。史太林「父皇帝」的「因」戰術和戰略，可以說是最高級最毒辣的。（三十九年一月六日，刊於反攻半月刊。）

第二章　仲康和相

窮國在夏朝創造的兩朝傀儡

按照我們現在所有的歷史知識，祗能考證出來世界上最古的傀儡政權是偽夏國的仲康和相——這父子兩人。說這兩朝的偽政權是世界上最古的，因為它們是發現在公元前二十二世紀，距離現代已經有四千多年了。

夏國與窮國　　傀儡仲康是夏國（夏朝或夏族）開國始祖——禹的仲孫，他父親名啓，是禹的長子，哥哥名太康。扶植這個傀儡國家的人是窮國的后羿。窮國（中國歷史上稱她為有窮氏）大約是遊牧在現今河南省的北部和河北省的南部，那時地名為鉏（今河南省滑縣）的地區。按周朝赤狄白狄的活動史推測起來，窮國當是狄的一種，可能系屬白狄。據史記正義說：

「帝嚳以上，世掌射正。至嚳，賜以彤弓素矢，封之於鉏，為帝司射。歷虞、夏，羿學射於吉甫。其臂長，故以善射聞。」

可見窮國是由一種力大臂長的善射民族組織成立的行國。歷經唐、虞、夏初各王朝，都是中原民族國家的附庸，受過封，堯時稱她為「冀方」（見左傳襄四年），羿作過軍官（射正），相安無事。

但是夏國傳到第三代君主——太康，却是一個荒唐的傢伙，他好色，好吃酒，好聽戲，好修築樓臺宮室，尤其喜歡作大規模的田獵（俱見書經：五子之歌）。我們看左傳襄四年魏絳和戎條內所引虞箴：

「芒芒禹迹，劃為九州，經啓九道。民有寢廟，獸有茂草；各有攸處，德用不擾。」

「在帝夷羿，冒於原獸，忘其國恤，而思其麀牡，武不可重，用不恢於夏家……」

太康「夷」平了窮國的「原獸」，「忘其國恤」，這種幹法和遊牧民族的生產方法太衝突太矛盾了，自然會引起窮國的反抗。於是窮國的君主——羿，就發動了一個「反侵略」的鬥爭，這個鬥爭在太康十九年，即在公元前二一七〇年開始。

傀儡的「根據」　我們從歷史上的經驗知道，傀儡政權被建立的主要「根據」是國內官民的不滿和不平，只有利用這種不滿和不平，才能扶植起來一個傀儡而不遭受當國人民的反對。羿就是這種政略的創造者：他充分利用了夏國官民對於太康的不滿和不平。我們看書經虞書：

「太康尸位，以逸豫滅厥德，黎民咸貳，乃盤遊無度，畋於有洛之表，十旬弗返。有窮后羿因民弗忍，距於河。」

太康一打獵便打了一百多天，耽誤了政事，也妨害了民生。那時候的夏氏族，從歷史進化的歷程推測，大概還在半農半牧時代，民衆也同樣需要田獵，維持生活。試想一國君主帶領幾千幾百名官兵去遊獵，對於那幼稚的農村，是何等嚴重的長期騷擾？而且打獵了一百多天，必會把所有的獸類打光，他的圍獵不但和窮國的生活方法不能相容，就和本國的民衆生活方法也成爲矛盾對立的了。他耽誤政事，自然會引起貴族和官吏的不平和不滿，妨害民生，自然也會遭受民衆的不滿和不平：結果掌曆的羲和和一般民衆便「咸貳」了，「弗忍」了，造成窮羿扶植傀儡的「根據」。

「因」的政略　太康在自己的國內造成了「反昏暴」的局面，這局面被「反侵略」的窮國后羿利用起來，於是「因民弗忍距於河」的歷史被寫出來了。左傳襄四年魏絳也說：

「昔有夏之衰也，后羿自鉏遷於窮石，因夏民以代夏政。」

這樣，太康便被趕出（公前二一六〇年），跑到陽夏（今河南省太康縣），作了亡國之君。歷史裏保留着他一支悲哀悽切的歌子：

「嗚呼曷歸？予懷之悲！萬姓仇予，予將疇依？鬱陶乎予心，厚顏有忸怩！弗慎厥德，雖悔可追？」

夏國在事實上也算被窮國滅亡了。——這裏有一段夾敍夾議：就是上文引用的兩個「因」字（「因民弗忍」和「因夏民以代夏政」），讀者千萬不可輕輕看過。這個「因」字和仲孫湫（見本書第十章）所謂的「因重固」及孫武在孫武子十三篇中組織「內間」「鄉間」（間諜）所用的「因」字，同是政略史或戰略史上的大祕密。用現代語註釋起來，「因」就是「利用」，就是「收買」，就是「拉攏」，也就是「滲透」。「因民弗忍」就是利用他國官民的不滿和不平。惟有利用他國官民的不滿和不平的情緒，才能組織「因國」——傀儡政權、僞國、僞黨和僞軍。也惟有如孫武所說：「因其鄉人而用之」，「因其官人而用之」，才能在他國扶植「內間」和「鄉間」即第五縱隊。「因的政略」或「因的戰略」實爲四千年以來——羿以來世界史上許多「因國」——傀儡政權、僞國、僞黨、僞軍、間諜——總名爲第五縱隊的東西的組織要領。

話往回來說：窮羿「因民弗忍」，佔領夏國，趕跑太康之後，他並沒有在名義上來統治夏國，滅亡夏國；他却把太康的二弟——仲康，扶上寶座，表面上作了夏國第四代的王；而把自己放在仲康座後，操縱着這個世界史上最古的傀儡（公前二一五九年）。

第二代傀儡　仲康被立十三年（公前二一四七年）便死了，比僞「滿洲國」的溥儀多了一年，比僞「中華蘇維埃共和國」的瞿秋白到毛澤東少了十五年。仲康的兒子——相，接着做了第二代傀儡。這是和瞿秋白死了，毛澤東接着做赤色傀儡，也是千古同揆的。羿掌握仲康，比掌握相似乎寬假得多，我們看仲康還有派遣胤侯征討「黨於羿，同惡相濟」的羲和一事，致「終仲康之世，羿不得以逞」（見通鑑輯覽林之奇註），可知這個傀儡還保有一大部份的王權。但到了相，便一蟹不如一蟹：即位第一年（公前二一四六年）就被羿所逼，遷於商邱（今河南省商邱縣）去了。按：夏國的首都，禹即位時本在安邑，即山西省西南角的夏縣；太康跑到陽夏，已經到了今河南省的太康縣，由北向南過了黃河。仲康的僞首都便被迫遷到陽夏來。到相被逼遷到商邱，又由西向東邁了一大步。我們推斷，羿把他的兩朝傀儡從西北移到東南，又從西方移到東方，是爲了接近自己的國境（窮國在今河南省），容易控制。這個推斷，不妨看作是正確的，因爲眼前就有例證：僞「中華蘇維埃共和國」的僞首都，便會由瑞金遷到延安，由延安遷到張家口，由張家口搬到佳木斯。

傀儡相的命運愈來愈壞，在第八年上，對他較爲客氣的羿又被寒浞殺了，寒浞便成爲僞夏的新統治者。相，在過了二十八年（公前二一一九）的悲劇生活（然而是傀儡劇）之後，命運壞到了頂點：浞不再玩弄這個傀儡，到底又派澆把相殺死。浞導演了二十年傀儡劇，又幹了四十年君王，君臨夏土，下邊就接到少康中興，夏國光復（公前二〇七九）。夏民族先後被窮族寒族殘踏了九十二年（公前二一七〇——二〇七八），僞夏朝兩個傀儡，共被立了四十二年。

浞的新創造　是的，歷史自己不會重演；却是後人學了前人的乖，重演歷史。浞殺羿，正可看作「教會徒弟，餓死師傅」：浞是羿的一個好學生。我們在上文說明這「因的政略」是羿發明的，他建立了僞夏國，扶植了傀儡，主要是利用「因民弗忍」和「因夏民以代夏政」的政略，通鑑輯覽：

「羿……因夏民以代夏政，恃其善射，不修民事，而淫於原獸。棄武羅、伯因、熊髡、龍圉——四人皆羿之臣；而用伯明氏——寒國之君——之讒子寒浞，使爲己相。浞行媚於內，施賂於外，愚弄其民，而娛羿於田，樹之詐慝，以取其國。——內外咸服；羿猶不悛。將歸自田，家衆逢蒙——路史作龐門——殺而烹之。」

浞，就這樣「施賄於外，愚弄其民」，又創造了一個建立僞國家即第五縱隊的基本原則，正和日本收買汪精衞，德國收買吉斯林，第三國際收買瞿秋白和毛澤東，欺騙無知的民衆，同爲一種手法。最後弄到「內外咸服」，也就是僞夏民衆對羿有了一個新的「弗忍」，於是浞所組織的第五縱隊刺客也就是羿的僕人名字叫做逢蒙的人，殺羿而且烹之，僞裝成爲一個「民主」的民變。羿，這個第五縱隊的創始祖，誠然是作法自斃的了。

故張蔭麟教授的中國史綱第一冊（浙大石印本）第八頁有與拙作相同的一段：

「夏朝最大的事件，是與外族有窮氏的鬥爭。有窮氏以鉏（今河南省滑縣東）爲根據地，當啓子太康時，攻佔了夏都（時在斟尋），以後統治了夏境至少有六七十年，太康逃居於外。有窮氏以次立其弟少康及仲康子后相爲傀儡，后相繼被竄逐追殺。後來，相的遺腹子少康，收聚夏朝的殘餘勢力，乘有窮氏的衰弱，把他滅掉，恢復舊物……」

張先生指出仲康和相爲傀儡，這實是先得我心，也可見我的研究不是一家之言，閉門杜撰。不過，他的原文有兩點失考之處：一、僞夏國的兩朝傀儡，實被立四十一年，不是六七十年，夏國被統治先後達九十二年。二、少康中興是打倒寒國，不是窮國，原文說：「乘有窮氏的衰弱把他滅掉」，也是一點小錯誤。（三十五年一月，作於蒙古旅行途中，同年五月，刊於重慶中央日報。）

註：關於傀儡仲康的史實，依本書第一章及第十章所述爲主。本章寫作時，余尙不知甲骨文中有「豎啓因」一段歷史。——三十九年十月二十一日記。

第三章　祿父和微啓

周朝扶植的僞邶國和僞宋國

民族戰爭　公前一七八三年以前，商民族從黃海渤海迤帶向中原移殖，到了湯王（履）十八年（公前一七六六年）征服了夏民族，建立殷國。傳世六百多年，到了帝辛（紂即受），和從岐山東下的周民族爭覇，結果殷國被滅亡了（公前一一二二年）。

周武王翦商的全部過程，原本是一個民族性的戰爭——西方的農業民族和東方的半農半牧民族之戰。周民族爲了血緣的和戰略的關係，也曾强調這一戰爭的民族屬性：

「……受罔有悛心，乃夷居，弗事上帝神祇……」（書：泰誓上）

「……朕夢協朕卜……戎商必克……」（泰誓中）

「……受有億兆夷人，離心離德……」（泰誓中）

「……天乃大命文王，殪戎殷，誕受厥命……」（康誥）

周民族呼商民族爲「夷」、「戎」，而自稱「西土之人」。也正因爲商民族是「夷」、「戎」，和周民族不是同一血緣，她的民族意識竟是特別强烈。當周民族初來侵犯的時候，雖然一時發生民族崩潰——「前途倒戈」的悲劇；但等到一嘗亡國的滋味之後，民族祖國之愛便油然而生。於是「商民族如何統治」？成爲周武王亟需解答的問題了。

封建制度的新意義　周民族對這個問題馬上想出一個答案，這便是中國歷史上有名的封建制度•按照我的研究，封建制度包括兩種意義：第一、是分封姬姓子弟和功臣子弟建立衛星國，使殖民地領土化（用蔣百里說）。第二、是在殖民地內建立傀儡政權，就是僞國家——「因國」。前者可以叫做直接統治或永久統治；後者可以叫做間接統治或暫時統治。

這種建立僞國家（「因國」）以行使間接統治的制度，開始於公元前一一二二年即武王十三年滅殷之後，距離現代已有三千零七十多年的歷史了。當年周國建立的僞國家共有五個：黃帝之後國曰「薊」，堯之後國曰「祝」，舜之後國曰「陳」，謂之「三恪」即三客，禹之後國曰「杞」，這四個僞國家是「配菜」；主要的是紂之後國曰「邶」，才是間接統治的主文。周民族創作了這種制度，還完成了一種理論，便是所謂：

「崇明德（按：明德卽世族），保小寡——禮也。」（左傳僖二十一年成風語）

也就是中庸所謂：

「繼絕世，舉廢國。」

的所謂「九經」。周公蓋將扶植僞國家這一封建制度正式列入憲法，而付以專名曰「封」，左傳昭十三年，朝吳云：

「今不封蔡，蔡不封矣！」

就是這一個「封」字。「封」字爲周天子所專用；至於春秋諸侯扶植僞國家則名曰「復立」，左傳昭十六年（公前五二八年）載：

「楚子聞蠻氏之亂也，使燕丹誘蠻子嘉，殺之，遂取蠻氏，既而復立其子焉——禮也。」

楚平王滅蠻嘉而立其子，正和周武王滅殷紂而立其子是老版新翻。左傳時代既然把平王滅蠻殺嘉另立傀儡認爲是「禮」，當然武王滅殷殺紂另立傀儡，自來便被認爲是「禮」了。推演下來，春秋時代一切滅國殺君另立傀儡都算是「禮」。我把這個理論斷爲周朝的封建意識形態，而定名爲「禮主義」。在武王創造封建制度並且封建僞國家以行使間接統治權的當時，「禮主義」便同時成立了，而且被宣傳推廣着。這和日寇扶植僞滿傀儡溥儀而宣傳爲「王道主義」，僞「中華民國」傀儡汪精衛而宣稱爲「和平主義」，固然是一模一樣；就是蘇聯建立僞「蒙古人民共和國」傀儡柴巴桑而宣稱爲「民族主義」，僞「中華蘇維埃共和國」而宣稱爲「共產主義」，也是不爽毫釐。行使間接統治是眞的；「主義」云云只是飾詞。周武王的封建主義是舊的，赤色帝國主義的封建主義是新封建主義。

僞邶國的傀儡是紂的兒子祿父，年號是武庚，周國給他的封爵是伯，國土在殷王畿以北。周國建立僞邶國所用的騙欺商民族的東西，是宗教——拜祖教。

上面說過：殷周的戰爭本是民族問題，但周武王在設計封建制度建立僞國之始，似乎已經看到冉不容强調民族一詞，以免提高商民族的民族意識，而妨害統治：於是在現實的民族之上，擺出一個超實的宗教——天帝觀念，用這天帝觀念麻醉商民族。這就是說，捧出祿父爲傀儡，表面上叫他「承商祀」——供祀商族的祖宗，「接續香煙」；實際上是代替周民族行使間接統治權。換句話說，就是把政治的壓迫、經濟的剝削和文化的侵略，掩藏在這宗教的外衣之內，讓商民族滿足拜祖教的沈迷，而周民族獲得征服的利益。——這是封建僞國的策略技術的一面。

然而還有一面：在僞邶國傀儡祿父之上創立了一種叫做監的制度，就是在僞邶國建立開始之先，把殷王畿（殷民族人口集中之區）的土地劃成三份，王畿以北的土地人民封給祿父；以東分給管叔鮮，建立衛國；以西封給蔡叔度建立鄘國，用管叔蔡叔直接統治的國家，監視着僞邶國；另把霍叔處放在祿父的寶座之後，監視着這個傀儡。——這就是古史上的所謂「三監」。（以上係採用史記所引帝王世記之說。若據漢書地理志，却是「邶以封紂子武庚，鄘以管叔尹之，衛以蔡叔尹之。」因爲這裏面沒有提到霍叔，和古史不類，故不採用。）「三監」之制，傳到漢代，就是對諸侯所派的「相」和對西域所派的「都護」。傳到現代，日本對於偽「韓國」設立「統監」，正好用了「監」字，對偽「滿洲國」派了「大使」；蘇聯對於偽「蒙古人民共和國」（外蒙古）也派了「大使」，對毛澤東的偽「中華蘇維埃共和國」，以至今天的偽「邊區」，也都派來國際代表，全是運用周武王的策略。

祿父反正　但在偽邶國建立的第九年上（公前一一一三，即成王三年），這個戲法竟被商民族看穿。按：紂的性格是慷慨輕生的一路，其子祿父當有父風。這種性格當然不適宜也不甘心久作傀儡。商民族更是悍直的，對於身經目覩的亡國慘痛，也不會長期忍受。商的宗族羣如奄如淮同遭統治，也在待機而動。因之，這個偽國家反正的動機便開始形成了。——恰好「三監」的管蔡霍，這時正和周公旦發生了磨擦，流言國中說「（周）公將不利於孺子（成王）」。這個宣傳，必定是很利害，竟把周公逼迫得「居東」——下野了。風波鬧了一年多，周公作鴟鴞之詩，向成王控告管蔡霍；管蔡即去勾結祿父，決心叛變。奄君蒲姑對祿父說：「武王死，成王幼，周公見疑，請舉事。」到成王三年，邶鄘衛起義的大旗，到底舉起來了，河南山東的商族——奄淮徐等國——竟是全部反正了。

在這以前，周公已被成王迎回宗周。祿父反正，管蔡叛亂既起，周公奉命東征，殺祿父，誅管叔，囚蔡叔，廢霍叔為庶人，並派伯禽帥師平徐，定魯，寧淮夷。成王四年，奄和淮夷又行反攻；周公奉成王親征，才壓平下去。這一戰爭共打了三年，反正的國家共有五十個（孟子說），都被周兵滅亡」。

由純理論的「因國論」講來，武王扶植傀儡的政策，在帝國主義的制度上有他的正確性。但他忽視了傀儡的性情人格和歷史，選了祿父這樣一個角色，性情是悍直慷慨的，人格是忠於民族的，歷史是紂的親子，而身受亡國殺父之痛，這都是錯誤的。而把這個角色位置在商民族集中區，也是錯誤的。所以周公旦懲前毖後，於東征勝利之初，便對武王的策略加以一番修正，選了微啓來作新的傀儡，並不再設「監」，封於遠方，另建新偽國。

第二代的傀儡　微啓是帝乙的長子，紂的庶兄，在殷國作過主持宗廟祭祀的官。他對於紂，起先到是常有諫諍的；可是箕子爲奴比干剖死之後，他就溜走了。武王克殷，微啓抱着祭器，肉袒面縛，左牽羊，右把茅，跪在武王的軍門控告殷紂：這竟是投降來了（以上詳見史記微子世家）。研究微啓的爲人，可認定他不懂民族大義，但僅是一個單純的拜祖教的信徒。在他的認識上，紂是不能承繼殷祀的忤逆子孫；而他的投降並非無恥，祇是爲了存殷祀，這由他抱着祭器投降一點上，可以定論的。大凡祇有宗教信仰而無國家民族觀念的人，終必會和宗教信仰相同的人合作，而不論這宗教信仰相同的人是他的友人或敵人。和敵人合作，自然是投降，也就是漢奸。微啓，在殷國的立場上看，實實在在是一個殷奸，比祿父容易利用，也正和周國利用宗教，建立僞國的策略合拍，於是他作了第二代的鬼儡，受封而建立了一個僞宋國。

反正失敗的商民族，在微啓的僞宋國受封之後，碰到兩個命運，第一個是被「分」：分給魯國六族，「即命於周，職事於魯」，用現代語註釋起來，便是聽周國的命令，幹魯國的事情；分給衞國（康叔）七族，「啓以商政，疆以周索」，用現代語意譯過來，便是照着殷國舊制，供祀，打仗，耕田，但要聽從周國的管理。這些商民族，都是「帥其宗氏，輯其分族，將其類醜」，作着農工奴役，由周人鞭打着（以上引文均見左傳定四年）。第二個是被「遷」，成王五年遷殷「頑民」於洛邑，八年又建立一個絕大規模的集中營叫名「成周」，再遷殷「頑民」居之。書經上的「多方」和「多士」兩篇就是「頑民」（其中也有「頑官」）被遷時，成王的告殷官民書。讀者如有興趣，不妨找出讀一下，滿紙麻醉、威脅、利誘，是最古最醜的文件。就這樣，馴服的被「分」了，頑强的被「遷」了，費了六年的工夫，才把祿父反正一事完全壓平。

絕大的手筆

周國創造歷史最古的僞國家制度，武王立案，周公修正，比起窮羿扶植僞夏傀儡仲康和相的策略躍進一大步，而利用宗教作飾詞，更是絕大的手筆。三千年後，帝俄利用喇嘛教建立僞「蒙古帝國」（外蒙古的哲布尊巴丹），英國利用喇嘛教建立僞「西藏國」，日本利用佛教建立僞「緬甸國」，蘇聯利用馬列教扶植僞「中華蘇維埃共和國」以及僞「邊區」，統是翻印周版，毫不稀奇。只是毛澤東之流，有愧祿父，甘爲微啓，代替俄國行使間接統治權，出賣祖國，作了漢奸，未免混蛋該殺而已。可是話分兩頭說，連至聖孔子都被周人所欺，把殷奸微子認爲「仁」人，則毛澤東以及許多青年之受騙，也自屬意中之事了。

不屈伏的殷族　　僞宋國傀儡微啓，按殷制「兄終弟及」的傳位法，傳位給弟弟微仲，便接受了周族的封建文化，改爲「父死子繼」。傳三世至閔公，又想復用「兄終弟及」——閔公卒，弟煬公立；閔公公子鮒曰：「我當立」（史記宋世家），乃殺煬公自立。以後便改用周制，傳七世至宣公，立其弟穆公，復用殷制。穆公卒，遺命立兄之子與夷是爲殤公。這三百五十餘年之內，僞宋國君位繼承制度的變化，意味着殷文化與周文化的矛盾，也象徵着殷民族對周民族的反抗——殷民族殆始終企圖反正，不甘作周國的僞國家。

在宋殤公（第二位）即位之初，穆公公子馮出奔鄭，鄭莊公武裝納公子馮於鄭，建立僞「邊區」（詳見第八章）。這雖是多年以來宋鄭邦交惡化的結果，也是殷周文化衝突的表現：蓋鄭爲周族，用「父死子繼」文化，所以同情公子馮之叛殤公，周系諸侯大致都擁護公子馮，也是這宗臭味。

這殷周文化鬥爭，鬧到了殤公六年（公前七一四年），左傳隱九年載：

「宋公不王。」

這四個字雖然簡單，但含有極重大的內容，即是說明着亡國了三百五十多年的殷族又反正了。這實在是周成王到桓王之間的第一件大事。於是周文化系統的鄭莊公以桓王的命令討宋，齊魯也都參戰伐宋，從夏天到明年六月，魯兵打敗了宋兵，鄭兵也佔領了宋國的郜汾兩地。左傳隱十年稱這次是「王命討不庭」之戰，便是打擊反正軍的意思了。

六年之後，華督叛變，弒殤公，迎公子馮即位，是爲莊公，宋的反正終歸失敗，周文化復告勝利。

宋莊公傳子閔公。閔公被弒，公子游立，又被弒，閔公弟是說立，是爲桓公。桓公卒，子前甫立，是爲襄公。襄公十三年（公前六三八年），伐鄭，楚伐宋救鄭，襄公將戰，子魚曰：

「天之棄商久矣！不可！」（史記宋世家）

另據左傳僖二十二年所載，則爲大司馬公孫固諫曰：

「天之棄商久矣；君將興之，弗可赦也已！」

子魚當是公孫固的字，他的話是說殷商早已亡國，想反正（「興」）是不成功的」。這當然是民族失敗主義者。但從這話的內面涵意看來，宋襄公的圖霸却正是志在復商。

襄公和楚國會戰（泓之戰）結果，遭了慘敗，第二年因傷致死，反正之事並未達成。襄公在戰敗時曾說：

「寡人雖亡國之餘，不鼓不成列。」（左傳僖二十二年爵）

這話也表示着殷人民族意識和國家觀念的强烈，襄公實在是一位民族的志士。

公前五一七年，晉國令諸侯輸粟，宋國的首相樂大心說：「我不輸粟！我與周爲客！若之何使客？」宋國人始終抱着「與周爲客」的態度，也就表示殷民族並未屈服，我在眞湼槃室札記裡有一段綜論商族的話：

「商之民族意識，自初滅（公前一一二二年）之稱『頑』，殤公之『不庭』（公前七一四年），襄公之悲『亡國』（公前六三八年），樂大心之自居爲『客』（公前五一七年），戩潛載現者凡五百餘年；僞宋自微啓至王偃而滅於齊（公前二八六年），凡三十二傳八百二十餘年，王偃稱爲『桀宋』，猶有紂風：則商族固一慷慨激昂之民族也。而終不及反正復國者，蓋周旣迷之以宗教，以滅亡其人心，復建之於平原，以削弱其生產，其計不亦毒辣也歟？」

自謂頗能中肯。就是說由於周公旦新策略的正確，使商民族被間接統治了八百多年，始終翻身不得。（三十六年一月，寫於北平，三十七年七月，刊於瀋陽中央日報。）

第四章　宜臼和叔帶

勾結夷狄的兩個周朝偽政權

進攻祖國　異族在中國扶植最古的偽政權是偽夏國的仲康和相；而中國人勾結異族，進攻祖國，則以宜臼和叔帶這兩個東西最爲可殺！宜臼於公前七七三年（周幽王九年）起，勾結申戎，西戎和鄫（一作繒）戎，反叛中央，弑父殺弟，爭奪政權，稱爲平王（公前七七〇年）；叔帶於公前六四九年（襄王三年），勾結伊洛等戎，進攻國都，對周國的中央作了十六年的叛亂，終於公前六三四年逐走襄王，過了幾個月的皇帝癮。周國經宜臼和叔帶兩次內亂，統一破壞，王綱解紐，開出春秋戰國的大流血時代：宜臼和叔帶祖孫兩人的肉，眞是臭得不能吃了。這傳統經石敬瑭、劉豫、汪精衞、瞿秋白一直到毛澤東，眞是一面好鏡子。

周與戎狄　周國（周民族）和戎狄，從周代始祖起，就一直是互爲仇敵的民族。周族的主要生產方法是農業，這由后稷（棄）以「稷」著名，可以推知。后稷傳到公劉（公前一八一八年左右），因爲和夏桀衝突，便以農業殖民的姿態，侵入戎狄的牧場——陝甘高原的豳地（今陝西省邠縣）一帶，開荒拓土，這對於戎狄眞是一羣「闖入者」了。到公前一二一九年左右（商武乙時代），這羣農業民族已經傳了十代。再傳一代到古公亶父，農牧生產方法的衝突竟不能再行折衝，古公亶父和他的農奴們便被薰育、戎狄的騎兵趕到南方的岐山（今陝西省岐山縣）一帶，和商國結了聯盟，對付西方的牧人。古公之子季歷，和西洛之戎、燕京之戎、翳從之戎，從公前一一九八年到一一九四年——五年之間，打了四次惡仗，周國才得在渭水流域站住了脚。——這一段農牧民族仇殺已佔去了六百多年的歷史頁面。

季歷後來又被商紂殺掉，死在聯軍大元帥（牧師）任上，周商聯盟終於破滅。季歷的孫子姬發（周武王），於公前一一三三年出台，一一二二年滅商，直到公前七七一年（幽王十一年），又是三百五十餘年（西周時代），這中間，周國仍在長期和西北的牧族苦戰：

成王三十年，征驪戎；
穆王十二年：征犬戎；
十　三　年：征西戎；徐戎侵洛；
十　四　年：克徐戎；狄侵華（今華山）；
十　七　年：遷戎於太原（今甘肅省平涼縣）；
懿王七年：狄侵鎬；
十　三　年：狄侵岐；
二十一年：伐犬戎，敗之；
孝王元年：令申侯伐西戎；
五　　年：西戎獻馬；
夷王七年：伐太原戎，獲馬千匹；
厲王十一年：西戎入犬丘，王奔；
十　四　年：玁狁侵宗周西鄙，
宣王三年：伐西戎；
五　　年：伐玁狁，至於太原；
二十六年：伐太原之戎，不克；
三十八年：伐條戎，敗；

三十九年：伐姜戎，敗；

四　十　年：戎滅姜邑（今陝西省鳳翔縣）；

四十一年：王師敗於申戎；

幽王六年：伐六濟之戎，敗；西戎滅蓋。

這九百多年的周與戎狄的戰爭，大致可分爲兩個階段：開頭的五百年（公前一八一八年——一三一九年）是牧族的戎狄反抗農族的周之「反侵略」戰；後來四百年（公前一一九八年——七七六年）却是農族的周反抗牧族的戎狄之「反侵略」戰。周族在這四百年中被戎狄擾得「靡室靡家」（詩經），「宮室宗廟，盡成禾黍」（書序）；意外的結果，是周族中出了一個宜臼，又來了一個叔帶——兩個無恥的祖孫，甘心勾結仇敵，爭奪中央政權，在中國歷史上寫出最爛汚的一頁。

宜臼與申戎

宜臼是周幽王（宮湦）的太子，是幽王和申后所生的混血兒。申后出於申戎。申戎是游牧在今河南省南陽一帶的戎族，屬於羌種。什麼時候由甘肅高原游牧到河南平原上來，於史失考。孝王時代，它和周國的關係還好；但到了宣王四十一年，就和申戎打起仗來。竹書紀年載這一役，說是周兵被打敗了；而後漢書西羌傳却說「王師征申戎，破之。」打仗之後，申侯的女子作了宣王太子宮湦的后妃，生了宜臼。按歷史上的成例推定：第一、凡是以女「女」敵的國家大概是戰敗國，可知申戎是被周國打敗了的，後漢書可信；第二、戰敗國必謀向戰勝國復仇，兩國雖然「和親」，但國交總是壞得不堪：可知申戎對於周國是在想着乘機報復。

恰在申戎企圖報復的當中，正遇到幽王寵褒姒，立伯服，逐宜臼的亂事。結果，廢立的太子宜臼逃回外家，申后也被打入冷宮，周和申戎之間的脆弱的褲帶又割斷了。申戎得了這宗「奇貨」（太子宜臼），正可以借來號召諸侯：「扶持正統」，實際是打着周與戎狄之間的不斷戰爭，侵略周國；宜臼失了未來的中央權政，心懷憤恨，自然也要勾結戎狄，進攻祖國：於是申侯和宜臼合拍，這一幕最古的醜劇就開場了。

叛國的經過

第一幕是宜臼勾結申戎；第二幕是申侯出馬，於幽王九年「聘」西戎和鄫戎；第三幕是宜臼出名，要求魯侯、許男、鄭子率兵「勤王」：這場勾結異族，聯絡軍閥，進攻祖國的叛亂，被點染得很是「名正言順」。這陰謀進行了三年（幽王十一年），申戎、鄫戎和犬戎的「萬國義勇隊」（這是民國十八年中俄戰爭裡「中共」劉伯承進攻祖國時所用的名堂）打到宗周（鎬．來了：弒幽王，殺伯服，掠褒姒——打垮了周國的中央，宜臼就由申侯和軍閥們——魯侯、許男、鄭子扶植起來，稱「平王」。——立在申戎的立場來看，宜臼是他的第五縱隊，用以完成了侵略，建立起一個偽政權（「因國」）；立在鄫戎和犬戎的立場看，宜臼是他們侵略周國的內奸；而在糊塗的周人以至許鄭人的立場來看，是宜臼恢復了「正統」。好比毛澤東有朝一日打倒中央，在「赤色祖國」看，這個侵略的傀儡是造成了；而在「民主同盟」和一般盲目的青年看，這也是「革命成功」（？）。

兒皇帝　這裏我還有一個發現，應該敘述一段。在史記等書上記載着勾結戎狄的人是申侯；我却發現還是「爲君諱」的歪曲記載。勾結戎狄的人，實實在在就是宜臼本人。我的主要證據是「葛藟」這三首詩：

「綿綿葛藟，在河之滸。
終遠兄弟，謂他人父；
謂他人父，亦莫我顧！

「綿綿葛藟，在河之涘。
終遠兄弟，謂他人母；
謂他人母，亦莫我有！

「綿綿葛藟，在河之滸。
終遠兄弟，謂他人昆；
謂他人昆，亦莫我聞。」

這是經孔門註明爲「刺平王」（詩序）的詩，是說宜臼自稱「兒皇帝」，向戎狄叫爸爸，叫媽媽，叫哥哥，以弒父，殺弟，取得政權，終歸還是見逐於戎狄，眞是再好沒有的物證了。——勾結異族，進攻祖國，縱然倖得政權，終必被逐於異族，宜臼是第一個例，夷吾是第二個例，蒯聵是第三個例，出帝（石敬瑭侄）是第四個例，劉豫是第五個例，可惜古今赤白「兒皇帝」們讀不懂這三首詩，辜負了詩人的哀吟絕唱。

第二證：立在周族的立場來看，申戎就是異族。當宜臼投奔申戎的時候，已是他決計勾結異族的開始。

正統與僭統

古代歷史家誤認申戎爲主動，並且承認宜臼爲「正統」，實是受了欺騙，爲申侯一「侯」字所誤，忘記申戎和周國本是敵國，祗當作「諸侯」看待了。——在這裡，我要提起中國人的警覺：假定當年汪逆精衞打倒中央，竊據中國，他也只是僞政權、傀儡、漢奸，絕對不是「正統」；就是毛澤東打倒中央，竊據中國，也仍然是僞政權、傀儡、漢奸，絕對不是「正統」。只有中國人組織的中央，才是「正統」；僞中國人或白色赤色的「中國人」組織的中央都是「僭統」，無論他是汪記或毛記，我們一律反抗。這宗大事自仲康和相錯起，宋人作五代史和通鑑也錯認「後晉」（石敬瑭）爲「正統」，現在萬不容再錯下去了。

宜臼「逆取」中央政權以後，戎狄竟是不容他「順守」：被立的元年（公前七八〇年），因爲鎬京殘破不堪，並且沒有辦法對付犬戎，只好東遷洛邑，把宗周以西的老家送給秦國。周國偏安，軍閥混戰，鬧了四百七十多年（春秋及戰國）。直到秦始皇才打平內戰，開創統一之局，眞是艱難極了。這原因，十分複雜；但宜臼實爲罪魁（外患罪）和禍首（內亂罪）。就客觀立場論，政治上失意之人，心懷不平，也是難怪；只是不該勾結異族，進攻祖國，遺當時之大害，留千古之罵名。因此我很讚佩衞太子伋和晉太子申生，他們的失位，和宜臼一般無二，但伋和申生卻從容就死，不肯叛國，眞是歷史上的模範人物了。

叔帶與戎狄　過了一百一十九年（公前六五二年，周惠王二十五年），宜臼五世「賢孫」叔帶，也學步後塵，開始勾結戎狄，反叛中央。叔帶即甘昭公，是惠王的續弦后妃陳媯所生。惠王前后生鄭，立爲太子。但叔帶有寵，惠王時刻在想着廢嫡立幼，糾紛一直鬧了許多年。惠王即位二十四年死，太子鄭懼叔帶發難，不敢治喪，趕緊求救於齊。次年齊桓公大會諸侯於洮，議決武裝擁護太子鄭，立之爲王，鄭即位，就是襄王。

叔帶在這個王位爭奪戰裏，是失敗失意了；但他有榜樣：就學起宜臼，開始勾結異族。到了襄王三年（公前六四九年），叔帶召來楊拒之戎、泉皐之戎和伊洛之戎，打入了國都（成周），焚燒了東門。但因爲第一、叔帶沒有佈置好「內應」工作；第二、襄王的援兵——秦晉——來到，打敗了戎兵，這一役延續了幾個月，叔帶第一次叛變是失敗了。

襄王對於戎人的來犯，起初似乎是莫名其妙；後來弄清楚是叔帶勾引來的，遂於四年討伐叔帶。秋天，叔帶奔齊。但叔帶借來的戎兵並不甘休，還是一路攻周，一路攻晉。五年冬，齊桓公會諸侯於鹹，並派管仲和解了進攻成周之戎，派隰朋和解了攻晉之戎，周國的第二次內憂外患才算告一段落。齊桓公「九合諸侯，一匡天下」，爲了叔帶就兩合諸侯，「一匡天下」也正指扶植襄王的洮會而言。

最古的政治協商　桓公對於襄王自然是擁護的；但對於叛徒叔帶也表示同情。襄王五年，桓公異想天開，鬧了一個「政治協商」：讓襄王「統編」叔帶，召他回國。桓公派了一位仲孫湫——古代的馬歇爾，到周國來「言王子帶」（左傳語）。他回國去報告桓公說：

「未可，王怒未怠。其十年乎？不十年，王弗召也。」（左傳僖十三年語）

這是春天的事。秋天，叔帶策動的戎兵又來攻周；諸侯又只得出兵戍周。按歷史經驗推來：襄王和叔帶的

「政治協商」縱然召開，也一定不能圓滿解決周與戎的千年舊恨：第一、叔帶既然作了周奸，當然非蠻幹到底不可，否則只好襄王讓位；襄王未嘗不可讓位，只是他如果這樣幹，則叔帶得權之日，就是周國亡於諸戎之時。第二、叔帶勾結戎兵，意在進攻祖國，戎兵也正在利用叔帶，侵略周國，就使「協商」成功，襄王交出一部份政權給與叔帶，也僅止去了一點內變，而無法消彌外患。當時的戎兵，有叔帶固然來侵，無叔帶也是來犯的。果然，到了襄王九年，戎兵又來作難；襄王求救於齊，齊也只好再徵諸侯兵戍周。

第二次叛變

到了十六年，經齊國的疏通和壓迫，以及富辰的說項，由襄王召請叔帶回國（以上詳見仲孫湫）。襄王這幾年苦於戎難，靠山齊桓公又已死去，於是開始聯狄，由頹叔和桃子負責。起初，狄人很替襄王出力，十三年伐鄭，用的便是狄兵。襄王很感激狄人，納狄女隗氏爲后。這一來，新問題又發生了：叔帶回國以後，竟和狄后姦通起來，因此襄王廢了狄后。頹叔和桃子，爲這事商量的結論是「我實使狄，狄其怨我」（左傳僖二十四年語），「遂奉大叔（即叔帶）以狄師攻王」。歷史家寫這叛變的主動人是頹叔和桃子，是不合於事實的，我斷定仍是叔帶作主謀：第一、國語載：

「初，惠后欲立王子帶，故以其黨啓翟人，翟人遂入。」

這說明狄人攻周時，惠后以其「黨」「啓」（內應）之於內，可見惠后是主謀者之一，那麼叔帶自然是主謀者了。惠后和叔帶的「黨」，史家雖然沒有道出姓名，我可以推定就是頹叔和桃子。第二、如果頹叔和桃子根本不是叔帶的「黨」，他們便應該是襄王的親信。怎會爲這不成理由的「我實使狄，狄其怨我」八個字，立刻和襄王翻臉？而且馬上拐灣一百八十度「奉大叔攻王」？這當然是叔帶叛變的一貫陰謀。

叔帶勾結戎人，十幾年中搗了三次亂；這回又勾結狄人，進攻中央來了。開始，襄王本來打算戡定內亂的，忽然發動了「先后其謂我何」的道德觀念——想起他母親（惠后）或父親教育給他的「悌道」，不肯殺弟，只好出走，跑到坎埳地方去避難，這是春天和夏天的事。頹叔和桃子帶領狄兵打到坎埳，大敗周師，俘虜了周公、忌父、原伯、毛伯和富辰（反對襄王聯狄者），襄王逃奔鄭國的氾地：叔帶的第四次叛變竟是成功了——坐上了王座，淫婦隗氏立爲王妃，在溫（今河南省溫縣）作着皇帝夢。

晉文公的討叛　冬天，襄王派人求救於魯，派簡師父告難於晉，派左鄢父告難於秦。十七年二月，秦穆公率師來到黃河岸，將要「納王」；晉文公正要利用這機會和秦國爭霸，也率師南下，「行賂於草中之戎與麗土之戎，以求東道」（國語），開進陽樊，分兵兩路：左師圍溫，叔帶奔隰，追而殺之；右師迎王，重返成周。到了四月，叔帶的叛變才告敉平。這一役，晉文公檢了不少便宜，取得南陽（今中條山及黃河間的地區）一大塊的土地，「晉於是始啓」（左傳）——就是說叔帶勾結異族的結果，又給周國造成了一個新軍閥，被宜臼破壞了的統一，到此越發破碎不堪了。

齊國政策的錯誤　本來齊桓公主持的葵丘（今河南省考城縣）同盟（即襄王元年秋天之會）是議決擁護襄王，抑制叔帶的，那盟約上的「無易樹子」（不可改換嫡子之意，見公羊傳）四字，等於美國三次聲明對華政策中的「以國民政府爲合法政府」。按盟約講來，不該再拖泥帶水，扶植叔帶。這樣既要「政治協商」，終又壓迫襄王召回叔帶，根本和齊國外交政策南轅北轍。果然，桓公死後，叔帶又勾結北狄，打倒周的中央，弄得桓公訂的「尊王攘夷」國策成爲廢紙：這實是桓公的大錯。——美國對華政策協會一九四六年七月二十一日質問代理國務卿艾奇遜：「强迫中國政府，與中共組織聯合政府，豈不演成中國淪爲蘇聯附庸之結局？一如波蘭、南斯拉夫？」這指明美國政策之南轅北轍，恰和桓公相等。也許桓公當日另有策略，於襄王之外再樹立一個叔帶，使其長期相鬥，而齊國也好永久喊着「尊王」口號，從中取點什麼？抑未可知。可惜桓公沒有吃到這顆甜菓；却讓晉文公得了意外的收成——襄王乃有「河陽之召」了。今天大家應該讀讀這段歷史呀！

奸黨的罪惡　周國外有戎狄，內有宜臼和叔帶，在一百年間，把統一局面搞得體無完膚。戎狄固不足具論，因爲這是世仇問題；只是宜臼和叔帶爲了王位之私，勾結祖宗的敵人，破壞自己的祖國，眞是利令智昏了。叔帶的下場更是悲慘，倘和瞿秋白、汪精衛、陳公博等奸黨地下相逢，必當相視而苦笑。

（三十五年「政治協商」時，刊於西安文化日報，三十七年八月，重刊於瀋陽前進報。）

第五章　夷吾和重耳

秦國扶植的偽晉政權

秦晉關係　在公元前一千年左右，秦國還是甘肅南部山谷裏的一個游牧部落。直到公元前七六三年，她僅是擁有官兵七百多員名的小國。公元前七七〇年，周平王宜臼勾結犬戎，又不得不避戎東遷的時候，秦國的襄公率兵勤王，平王賜給他西岐淪陷之地，秦國受封為諸侯國之一。從此以後，秦國在關中平原上斬荊披棘，建設農業國家，奮鬥了九十五年，到秦宣公四年，公元前七六二年，她的國境的東方已經擴展到現在的西安以東，而和勢力方張的晉國發生了第一次戰爭，並且把晉國打敗。這年是晉獻公五年，齊桓公十四年。

從秦晉第一次戰爭後，兩國的國勢相對地上升，公元前六五九年，秦穆公（繆公）即位，他是一個史太林型的人物，決心向東侵略，這侵略的對像便是晉國。元年他侵伐茅津，五年又正式侵入晉國，他一心想把黃河以西涇河以北的晉國領土，收入版圖，這是秦晉第二次戰爭。

晉國內亂　正在這秦國東侵的時候，公元前六五一年，晉獻公二十六年，晉國抗秦的英主——獻公，不幸死了，國內就要發生內亂。原來獻公有五個兒子。太子申生是齊后所生（齊桓公的外孫），公子夷吾和重耳是狄后姊妹所生，庶子奚齊和悼子是驪姬姊妹所生。獻公二十一年，驪姬使用策略，殺死太子申生，重耳和夷吾便在二十二、三年先後奔往狄國和梁國。獻公既然死了，這羣公子庶子必然要爭奪王位，這正是秦穆公所旰夕以求的事，因為他早就預謀把晉國變為一個「因國」，達成他吞滅晉國的目的。

秦國的導演　獻公的死耗才一傳出，秦穆公就着手導演晉國內亂。這時晉國國內關于君位承繼的問題分爲三派：元老荀息，遵守獻公的遺囑，扶植奚齊；里克和邳鄭却主張迎立重耳；呂省（甥）和郤稱又主張迎立夷吾。九月，獻公死，十月荀息立奚齊；馬上便被里克弒了。十一月荀息又立悼子；馬上又被里克弒掉，而且把荀息也殺死了。——里克的行動完全是由秦穆公嗾使的，證件之一，便是里克在弒奚齊之前，就反對扶立奚齊，他對荀息說：

「三怨將起，秦晉輔之。」（史記晉世家）

「晉」字當是衍文，否則便是「齊」字之誤，一望可知。這是自得自供地說：秦國將要扶植（輔）「三怨」來承繼君位。里克說完這話：便以「三公子之徒（按卽「三怨」）作亂」（史記晉世家）。第二、秦穆公四年，娶晉獻公之女爲后，在春秋史例上，諸侯與諸侯（或其子女）結婚，都是想利用婚姻關係，彼此扶植「友好政權」（卽僞政權「因國」）。第三、左傳載秦晉韓原戰爭之際，韓簡對夷吾說：「出因其資，入因其寵，飢食其粟，三施而無報，今又擊之」等語，就是說當夷吾去晉奔梁的時候，曾受過穆公的資助。從第一證，可見秦穆公嗾使里克弒奚齊；從第二證，足徵秦穆公暗示里克弒奚齊。秦穆公親身看見齊襄公死後，魯國扶植公子糾和莒國扶植小白（卽桓公），由這往上溯，周宜臼和伯服，宋公子與夷和公子馮，鄭公子忽和公子突，衞太子朔和黔牟……公子爭國，外國相幫的事史不絕書，他也一定聞而知之。從第三證，可知穆公在迎娶晉女的同時，就着手拉攏晉的失意公子，準備利用。我說穆公「預謀」，實不見得是不恕。

傀儡夷吾　秦穆公是嗾使地，或暗示地在誘發晉國的內亂，同時他要準備一個僞政權（傀儡）送給晉國：於是他派扁縶（卽公子縶）去找重耳和夷吾。縶在九月底或十月初到達狄國（在今僞「陝、甘、寧邊區」），見着重耳說：

「寡君使縶弔公子之憂又重之以喪。寡人聞之：得國常於喪，失國常於喪。時不可失；喪不可久

：公子共圖之。」（國語）

重耳和舅犯商量，舅犯說：

「不可。亡人無親，信仁以爲親，是故置之者不殆。父死在堂，而求利：人孰仁我？人實有之，我以僥倖：人孰信我？不仁不信，將何以長利？」（同上）

重耳便答覆公子縶說：

「君惠弔亡臣，又重有命。重耳身亡父死，不得與於哭泣之位，又何敢有他志，以辱君義？」（同上）

他說着就哭了起來，沒有叩頭，只向公子縶拜了兩拜，再不往下深談了。

縶又轉到梁國（在今陝西省韓城），去看夷吾，照樣說了一番。夷吾去請教冀芮說：

「秦人勤我矣。」（同上）

冀芮說：

「公子勉之。亡人無狷潔，狷潔不行。重賂配德，公子盡之；無愛財。——人實有之，我以僥倖，不亦可乎！」（同上）

另據左傳載郤芮說：

「人實有國，我何愛焉？入而能民，土於何有？」（僖九年語）

這話比上面所引的話更加無恥，是千古以來勾結異族，出賣祖國，甘作傀儡漢奸的人的基本理論。於是夷吾出來，又作揖，又叩頭，一聲也沒有哭，並且悄悄地告訴公子縶說：

「中大夫里克與我矣！吾命之以汾陽之田百萬。丕鄭與我矣！吾命之以負蔡之田七十萬。」（同上）

下面自動說出兩個條件：一、割河外五城予秦；二、援助秦向東侵略（國語此句原文爲：「亦爲君之東游津梁之上無有急難也」）；並且送給公子縶四十鎰黃金，六雙玉珩。——秦國要扶植他作傀儡，他就先自起草賣身契，還是「偽國家史」上的最初的也是最無恥的紀錄，石敬瑭割燕雲十六州，毛澤東割外蒙古，汪精衛割東北，都是夷吾傳授下來的。

「置不仁以滑其中」　公子縶往返大約四十天，回秦向穆公報告。穆公覺得重耳「愛其父」，「不役於利」（均國語原文），是個仁者，便道：

「吾與公子重耳。」（同上）

但公子縶馬上駁道：

「君之言過矣，君若求置晉君而載（原文作載，誤）之，置仁不亦可乎？君若求置晉君以成名於天下，則不如置不仁以滑其中；且可以進退。臣聞之曰：『仁有置，武有置；仁置德，武置服』……」（同上）

「置不仁以滑其中；且可以進退」，用現代語譯過來，便是扶植一個壞蛋，在敵國裡搗亂；而且可以召之使來，揮之便去，容易操縱。這是天才的「傀儡製造學」或「偽國家指導原理」，窮羿發明了「因的戰略」，周公發明了「宗教的封建」，但這只是行動；直到仲孫湫和公子縶才算行動和理論兼備。——穆公在道德上感情上雖然要扶植重耳，在利害上理智上當然會選定了夷吾，因為只有這樣「不仁」之人才能配合他的滅晉計劃：所以也就採納了公子縶的建議。

在秦國決定扶植夷吾為偽晉國的傀儡之後或同時，里克已經弒了奚齊，派人去請重耳，重耳當然不來；里克再弒了悼子，又派人去接夷吾，一說便妥；秦穆公也正準備好了大兵，於是夷吾在內應外援之下，於十一月回晉，即位，稱為惠公。——穆公自從即位第四年起，處心積慮，扶植偽晉政權，畢竟在第十年上，公前六五〇年，宣告完成。

這裏應該特別說明一點：本文所推算的時間，和左傳、國語、史記都有不同。這三部書都載里克弒了奚齊和悼子之後，才去召重耳和夷吾；但我研究所得：一、公子縶去看重耳時，奚齊還沒有被弒，還由舅犯說的「人實有之」四字，可作確證；二、公子縶轉去看夷吾時，奚齊或已被弒，或尚未被弒，但悼子確未被弒，還由冀芮所說的「人實有之」四字，可以作證；三、夷吾答應當傀儡，一定在悼子被弒之前，或甚至在奚齊被弒之前。這個時間非常重要，依我計算的正確時間，才可以判明穆公是「預謀」。

傀儡的反正

但夷吾在利用內應外援取得政權之後，馬上翻過臉來，殺了里克和邳鄭，背棄了密約——拒絕割讓河外五城予秦；夷吾竟是對秦反正了。他的反正比僞邶國祿父對周反正是速快多了，和宜臼反正時間長短彷彿，（但宜臼是被動反正，夷吾卻是自動反正），這對於僞衛國的蒯聵，僞「大晉國」的石敬瑭，僞「大楚國」的張邦昌以及吳三桂，正是一個啓示。

不過雄才遠略的秦穆公並沒有灰心，他還是一面豢養晉國的另一僞黨的邳豹（邳鄭之子），一面大量賑濟晉國，收買人心。到夷吾反正第六年，秦國也鬧了飢饉，向晉國求援，夷吾不但沒有「投桃報李」，而且乘機伐秦。穆公對夷吾的「三施而無報，今又擊之」（左傳晉韓簡語），當然忍捺不住，於是發生了韓原之戰。——這是傀儡的導演者打擊反正的傀儡之戰。

韓原戰爭的結果，晉國戰敗，夷吾被俘，穆公聲稱要殺死他。周室派人前來說情；他姐姐（穆公夫人）也從中勸解；穆公明知晉國還得慢慢擊滅，殺了夷吾，徒惹大仇，也就藉此下台，釋他回晉。但這回夷吾割讓了河外和河內的一部份領土，允許秦國派官到河內新領土上去收稅。兩年後又改訂條約，秦國又退回河內地；晉太子圉為質於秦。穆公這一舉動，氣局宏大，策略正確，直到夷吾病死，再不反秦，秦國也就擴張到她預定的秦晉國界——黃河以西，涇河以北。

質子制度

晉太子圉質到秦國以後，穆公優予安置，選了一位貴族小姐給他當太太，這又是穆公的一篇大創作。原來質子制度創於周室封建之初。諸侯的世子必須到京城來上「太學」，受中央教育，使他發生向心力。世子在京，諸侯自然也不敢鬧亂子。這個制度和諸侯之間的和親制度，正是封建制度的兩大特點。平王東遷以後，王綱不振，周鄭交質，質子制度第一次變質——由周室控制諸侯的制度，變爲周室與侯國之間的互相控制的制度了。其後諸侯相攻，又互相扶植「友好政權」（這是赤色帝國主義給僞政權起的騙人名字），質子制度第二次變質——由諸侯互相控制的制度，變爲扶植「友好政權」的準備工作。這一階段的內容有三：一、妻之以固其心；二、教之以同其化；三、納之以立其位。秦穆公質圉而予之妻，正是第二次變質的開始。從穆公以後質子制度已定型化，漢朝在胡驪及西域扶植許多僞政權，就是受了他的啓示。

但圉在質秦的第七年却逃回晉國，又二年，夷吾也就死了，圉即位，稱懷公。——穆公扶植夷吾和圉——這父子僞政權計劃的本身，都沒有十分成功：於是改變策略的對象（內容仍未改變），又從事扶植重耳。

傀儡重耳　重耳在申生被殺後的第三年，逃到外婆家的狄國。他的原意也是照抄宜臼的計劃，勾結異族，弑父（獻公）殺弟（奚齊）。史記晉世家載他對趙衰說：

「始吾奔狄，非以爲可用歟？以近易通，故且休足。」

他對這計劃是公然說過的，而且也眞的勾結狄國，打過祖國，這便是晉世家所載：

「獻公二十五年，晉伐狄；狄以重耳故，亦擊晉。」

證明了狄國對於重耳，正和申戎對於宜臼一樣。從史記原文看，似乎獻公先攻狄國，狄國還擊。但獻公所以攻擊狄國，却因爲重耳在醞釀或已實行進攻祖國而引起的。

重耳住在狄國三年（史記作五年，誤），獻公死，里克來迎，但他沒有敢回，上面所引他對公子縶說的理由，純是官腔，眞正的原因却是晉世家所記的「畏殺」，因爲他知道在國內的黨羽還沒有養成。從此他繼續住在狄國七年，感到非去找外祖父齊桓公，請求幫忙，再也沒有攫取祖國政權的希望，於是經過衞國，來到齊國，桓公妻以「宗女」（這在秦穆公妻圉的前一年）。在齊國住了五年，這時桓公的侵略主義己由高峯下墜，楚國却在躍躍欲試，很可勾結，於是他又經宋、鄭兩國，前往楚國。這十幾年裏，重耳走遍六國，隨時在醞釀着返晉爭權。

他到達楚國的九個月之後，圉由秦逃回晉國。穆公痛恨這個準傀儡的逃脫，在計劃找第三個傀儡，「以晉制晉」：便派人來召重耳。楚國勸他說：

「楚遠，更數國乃至晉；秦晉接境，秦君賢，子其勉行。」（史記晉世家）

還是說你打算勾結楚國，可惜離晉太遠了，不如就近去勾結秦國。重耳便去到秦國。穆公一本老例，妻以「宗女」，而且給了五個，連圉的「故妻」也在內。——對於這準傀儡，眞是優禮逾恒了。起先重耳不好意思睡他的姪媳婦；但司空季子說：

「其國且伐，况其故妻乎？且受，以結秦親，而求入子！」（晉世家）

對於圉的國土都要討伐，睡他的老婆又算什麼？這樣更能得到秦國的歡心，盡力扶植：司空季子的話，正是如今僞組織（抱括毛澤東在內）的「內心之言」，一切天理人倫都可以不顧——不擇手段，只要代國竊政便可。

「以華制華」的藍本　公元前六三七年，秦穆公二十三年，夷吾九月卒，圉立爲懷公。這時，秦穆公便按照預定計劃，「使人告晉大臣，欲入重耳」（史記秦本紀）；重耳在國內的黨羽欒氏郤氏使秘密來迎，穆公又派兵護送，於是這六十二歲的新傀儡，在六三六年二月丁未帶領秦兵入晉都，被立為文公；第二天戊申殺圉：穆公的敵人夷吾和圉父子——晉國合法的政權（夷吾的政權在被立的當年四月已經周室及齊承認），就這樣地被老辣的穆公打倒。——秦國的「以晉制晉」的計劃，終於現實。穆公又創作了赤白帝國主義「以華制華」政策的藍本。

重耳的反正　但重耳也和夷吾一樣，在被立之後便和秦國分了心——主觀上反正了：還有兩事可述：第一、重耳被秦穆公扶植作爲傀儡之先，也和夷吾一樣，曾經允許把晉國的焦瑕兩城割給秦國，左傳僖三十年，鄭國的燭之武對秦穆公說：

「……君嘗爲晉君賜矣！許君焦瑕；朝濟而夕設版焉：君之所知也……」

重耳許割焦瑕，但早晨渡河回國，晚間便在焦瑕設起防來。第二、重耳返國第二年，周室有王子叔帶之亂，秦穆公率兵來援，重耳卻辭退秦師，獨自南下，殺叔帶，納襄王，旨在和秦國爭霸。不過終重耳之世，他只能向東或向南發展，伐曹，伐衛，伐楚，替秦國作爪牙和鷹犬，還看後來晉厲公絕秦一文所說：

「文公躬擐甲冑，跋履山川，踰越險阻，征東之諸侯——虞夏商周之胤——而朝諸秦，則亦既報舊德矣。鄭人怒君之疆場；我文公帥諸侯及秦圍鄭；秦大夫不詢于我寡君，擅及鄭盟，諸侯疾之，將致命于秦；文公恐懼，綏靜諸侯；秦師克還無害：則是我有大造於西也。」（左傳成十三年語）

可知重耳並不曾澈底反正——反秦，而他也不曾收復河外失地。重耳立九年死，子歡繼位，稱爲襄公，才正式對秦反正，發生殽之役，秦軍覆沒，三帥被俘。以後秦晉大翻其臉，發生了汪之役和王官之役。——重耳父子的路線，正是僞「大晉國」石敬瑭叔姪的前路。（敬瑭在重耳舊壤稱「晉」，不是偶然的事。）

秦國的收穫　　秦穆公用了二十年的功夫，扶植的兩個僞政權，雖然都及身反正，表面上好像沒有達成滅晉的目的，都算失敗；其實秦國的收穫可就大極了：第一、晉國內亂了二十多年，國勢日衰，民生日困；第二、秦國取得河外之地，吞滅了梁、芮兩國，把今日陝西關中平原完全收入版圖；第三、穆公利用重耳侵略主義的野心，鼓勵他東進南進，消耗晉國的國力，也削弱了關東的諸國。總之：德公「飲馬黃河」的遺志，由穆公扶植僞晉政權而實現，始皇統一天下的道路，也未嘗不可以說從穆公扶植僞晉政權而鋪平了。

夷吾和重耳兄弟，勾結外國，搗毀國家，雖覺悟尚早，及身反正，但也是萬世的罪人了。

未完成的傀儡劇　　秦穆公先後在晉國扶植了「友好政權」，結果都變得不「友好」的政權，他雖然割得河外的晉國領土，替子孫鋪平了統一天下的道路；但當時他並不能東進。到公前六二一年，穆公和晉襄公同年死去：秦國康公卽位；晉國太子夷皋還在襁褓。獨裁者趙盾，因爲連年和秦國爭戰，決定擁立公子雍爲君，以緩和晉秦關係，便派先蔑和士會赴秦，迎接公子雍。公子雍仕秦爲亞卿，不知是怎樣去的；按晉國不收公族的舊制度推斷，大概也是出奔到秦國的。

次年，公元前六二〇年夏，秦康公納公子雍。本來在幾個月以前，趙盾和諸大夫已經改變政策：不立公子雍而立太子爲靈公了。但秦康公實在願意亞卿公子雍去作晉君，妄想把晉國「合併」秦國，完成穆公的遺志，所以派了很多的兵，護送了公子雍：因此便引起晉秦的又一戰爭——令狐之役（今山西省猗氏縣西五十里狐村），秦軍失敗，公子雍、先蔑和士會全奔回秦國。六一九年夏，秦伐晉，取武城（今陝西省華縣），報令狐之役；六一七年春，晉又伐秦，取少梁（今陝西省韓城），報武城之役；夏，秦再伐晉，取北徵（今陝西澄城縣），報少梁之役；六一五年冬，秦第三次伐晉，取羈馬（今山西省永濟縣）和瑕（今河南省陝縣）。六一四年，晉國恐怕秦兵再來侵犯，便派兵駐在瑕地，防守桃林之塞（今河南省閿鄉縣），堵上秦國東進的大道。從此晉秦兵連禍結，屢和屢戰，聯甲伐丙，一直鬧到公元前五三七年，前後八十餘年，每次雖然都另有誘因，而基因則爲秦國扶植僞政權。公前五七八年，晉國向秦國送過一個哀的美敦，載於左傳成十三年，對於秦國扶植夷吾（惠公）重耳（文公）和公子雍作了悲痛的抗議。這是時代最古文辭極美的外交文件，讀者大可査出一讀。（古文觀止題爲「呂相絕秦」）。（三十六年二月作於北平，三十七年八月，刊於瀋陽和平日報。）

第六章　欒盈和蒯聵

齊國在晉國扶植的僞政權

晉國在衛國扶植的偽國家

齊晉關係　齊國和晉國雖然都是周朝的諸侯，雖然還有婚姻關係（晉文公重耳是齊桓公的女婿），但從齊桓公稱霸（公前六七九年）以來，晉國便不大看得起他。例如桓公三十五年的葵丘之會，（立周襄王，平叔帶之亂），晉獻公走到半道就轉身回國，這便是輕視齊國的表示。這年晉獻公病死，晉國發生了內亂（里克弒奚齊和悼子），秦國扶植晉國的夷吾為傀儡，桓公也派隰朋領兵去「干涉內政」，幫助樹立夷吾：這便是齊晉結仇的開始。

齊桓公的霸業，隨着他本人的死亡而終止。桓公死後的第七年（公前六三六年），晉國的重耳又經秦國扶植為傀儡——晉國的侵略主義接續着齊國又開始了。從此以後，晉國手執牛耳，陵駁諸侯，齊國也只好低頭聽命。

但是齊晉正式的火拼，却是從公前五九一年（齊頃公八年，晉景公九年）出場。基本的原因，當然是從歷史的互相侵略戰上遺留下來的舊仇；但近因只是一點「面子」問題。原來在上一年春天，晉國的獨裁者郤克，代表晉國，來到齊國，邀請參加斷道同盟。頃公的母親，藏在帳幕裏，恥笑郤克是個跛子，這就觸犯了郤克的自卑情結，勃然大怒，立誓說：「所不報此，無能濟河！」回到晉國，就要求景公伐齊報怨；景公拒絕了。這年夏天，晉國、衛國、曹國、邾國締結斷道同盟，齊頃公知道惹惱了郤克，不敢親身出席，只好派出四名代表趕去參加。走到半路，風聲不好，一名代表跑了回去，那三名代表果真被郤克抓了起來，不許加盟。從此，齊晉兩國斷絕了國交。下一年的春天，在郤克指揮之下，晉衛聯軍前來伐齊，攻到齊國的陽穀：齊國屈服了，簽訂繒條約，派公子彊為質，晉師才勝利而退。

接着又發生第二次戰爭。公前五八九年，齊國伐魯，魯國利用郤克的恨齊，請援於晉。郤克果然請准景公，派了八百輛兵車（六萬人），一直打到齊國的靡笄（今山東省濟南），齊兵敗退馬陵，只好求和。

卻克提出兩個條件：一、「必得笑克者」，就是懲兇；二、「令齊東畝」——把田地完全改造成東西隴，便利從西而來的晉國兵車順利通行。交涉的結果，齊國把寶器給了晉國，退出佔領的魯衛的田地。這次戰爭的另一個悲慘的結局，是下一年齊頃公的朝晉：不得不對晉景公表示絕對的擁護，尊之為王（天子）；强然晉是敬謝不敢，而罷。

齊晉第三次戰爭，發生在公前五七二年（齊靈公十年，晉悼公元年）。在二次戰爭以後，兩國的關係平靜了十六年，這是因為齊國一面力精圖治，一面聽晉領導；而晉國也正和楚國爭霸，感受苦惱而且吃力。但晉悼公即位後，派兵擊楚，救宋——還是和楚爭霸——要求齊國參加；齊靈公竟加以拒絕。晉國認為這是背盟，便來伐齊。齊國又敗了，派公子光為質，次年就出兵隨晉伐鄭。此後十五年中，晉國七會諸侯，齊國都被迫參加，出兵解餉，俯仰由人，完全成為附庸國了。

第四次戰爭在公前五五五年（齊靈公二十七年，晉平公三年），還是因為齊魯戰爭而引起的。這些年來，齊魯兩國不斷磨擦。到了公前五五五年，齊又伐魯；惹得晉國率領魯、宋、衛、鄭、曹、莒、邾、滕、薛、杞、小邾等等十一國聯軍，進圍臨淄，殺人放火，東至膠，南至沂——就是今天偽「新四軍」陳毅竄擾的地區，都被聯軍踐踏糜亂了；齊軍只能困守幾座孤城。延到次年，聯軍才退。

這綿亙三十五年的戰爭，都是晉勝齊敗。晉國把齊國嚴密控制在手，讓她給晉國的侵略主義效力，出錢，賣命，而不許她稍行反抗和對魯報仇。齊國眞是可憐得喘不出一口氣來。但物極必反，齊國於是製造了一個古典的但又最近代型的第五縱隊戰略，向晉國反攻了。

欒盈來奔　齊靈公便在臨沂慘敗後一年死去。他的廢立的太子光，得到獨裁者崔杼的擁護，被立為君，便是莊公。莊公年富力强，精明幹練，經驗也很豐富，特別是他曾為質於晉，親自體會了春秋的「質子制度」就是第五縱隊——偽政權和偽國家的標準制度。他懂得組織第五縱隊——扶植偽政權和偽國家的一套法寶。在他即位的第三年（公前五五一年），晉國失意貴族首領欒盈恰好奔來齊國：對於朝夕以求報晉的莊公，他該是多麼聽用的一個工具？

欒盈（即欒逞）字懷子，是晉國有力的士室（貴族）。他祖父欒書，就在齊晉二次戰爭中當過第三軍（下軍）的軍長，曾一手扶立了悼公（平公之父），對於平公的政權是一駕功臣。晉人對於欒書也像周人對於召公一樣的敬愛。他父親欒黶，也作過第三軍軍長。欒盈在出奔之前，也正作第三軍的參謀長。第三軍始終是欒家的，欒盈爲人，慷慨好施，結了不少死黨——他也就犧牲在這上邊。原來，欒盈的叔父欒鍼，在悼公十四年伐秦的時候，作齊「戎右」，和范鞅退秦兵。范鞅中途撤退，欒鍼便被秦兵殺死。欒黶爲了這事，趕跑了范鞅：欒范兩家就結了深仇。范鞅本是欒黶的姻弟，也是欒盈的舅父，後來經秦國疏通，又回晉國和外甥欒盈同作公族大夫；但成了勢不兩立的政敵。這時欒黶早已死去，欒盈的母親，即欒黶的孀妻，和老州賓通姦；欒盈表示不滿。他母親先發制人，就向范匄（欒盈的外祖父）那裏去告密，說是欒盈將要叛變，打倒范匄，自己專政。范鞅也幫同造謠。范匄信以爲眞，派人去殺欒盈；欒盈反抗失敗，便逃走了，他的死黨箕遺等十一人被殺，叔向等三人被捕，智起等多人從亡。這是平公六年的事。這年冬天，晉國會盟諸侯，簽訂商任協定，一體通緝欒盈；第二年冬天又會盟諸侯，成立沙隨協定，依然是嚴拿欒盈。

齊國扶植欒盈　但是欒盈在商任協定之後（平公七年秋），已經由楚國秘密來到簽字在協定上的齊國了。沙隨協定成立的時候，齊國也參加了；但齊莊公同時却在厚待欒盈，豢養着這個晉奸。晏子（嬰）對于這事兩次表示反對，第一次在欒盈初到，晏子諫諍莊公道：

「商任之會，受命於晉，令錮欒氏；將焉用之？小所以事大，信也；失信不立：君其圖之！」（左傳襄二十二年語）

莊公自有囊中妙計，當然不聽。晏子只好對陳文子去發牢騷道：

「君自棄之！弗能久矣。」（同上）

第二次反對是在沙隨協定簽訂以後，晏子說：

「禍將作矣！——齊將伐晉，不可不懼！」（左傳襄二十三年語）

這時晏子已經看出莊公是要去伐晉，可見莊公已經完成了組織第五縱隊——偽晉政權的一切準備了。

第五縱隊的派遣　到公前五五〇年（齊莊公四年，晉平公八年）的舊曆四月，晉平公的女子出閣。按照禮節，同盟國都得陪送媵妾——儐相。齊莊公便抓緊這個機會，派了一個大特務析歸父（古代的魯登道夫）去送女儐相。——而這個女儐相，卻是由第五縱隊司令欒盈化裝而成的。析歸父用「藩」（晉杜預註：「車之有障蔽者」）載着欒盈和他的黨徒——智起、中行喜、州綽和邢蒯等人，完全扮作女子，送到晉國的曲沃。——欒盈基本勢力的所在地。

曲沃的守將（大夫）胥午，原是欒盈的潛在力量。欒盈在昏夜去秘密會他，說明了叛國倒范的計劃。胥午說：

「不可！天之所廢，誰能興之？子必不免。——吾非愛死也，知不集也！」（左傳襄二十三年語）欒盈說：

「雖然，因子而死，吾無悔矣！我實不天，子無咎焉！」（同上）

胥午只得許諾了，把欒盈藏起來。馬上召集舊黨，大排酒筵，在音樂奏起來的時候，胥午起立發言了：

「今也得欒孺子如何？」（同上）

大家都說：

「得主而為之死，猶不死也！」

說完便都長嘆，有的人竟自哭泣起來。等喝起酒來之後，胥午又說：

「今也得欒孺子如何？」

「得主何貳之有！」

一聲未畢，欒盈從室內走出來，挨次拜謝。大家悲喜交集，痛飲一場，而叛變的計劃便商定了，這支齊國的第五縱隊在任何人也不自知不自覺之間組織起來。——欒盈原是爲了報仇，大家又是爲了欒盈，在主觀上是爲了「革命」（反范）；那知道在客觀上是幫助齊國進攻祖國？

叛亂經過　接着欒盈便和晉國京城（絳）的守將魏絳（盈的私交很好的同事）也完成了聯絡。在一個白天，欒盈便率領了他的僞黨和他的僞軍，襲入了晉京；魏絳則同時駕好了兵車，準備內應。這時候范匄作夢也沒有想到齊國胆敢來犯——而且創造了導演政變內外夾攻的機密戰略。他和樂王鮒正坐着閒談，有人來報：

「欒氏至矣！」

范匄嚇得張惶失措；但樂王鮒却鎮定地說：

「奉君以走固宮，必無害也！且欒氏多怨；子爲政。欒氏自外；子在位：其利多矣！既有利權，又執民柄，將何懼乎？欒氏所得，其唯魏氏乎？而可强取也。夫克敵在權，子無懈矣！」

他說着就把范匄化裝起來，穿上女人的孝服，扮作弔客，用兩個女人推着輦，直到皇宮，會同平公，登上固宮（宮之有臺觀守備者）；一面打咐范鞅，執行「强取」計劃。——

范鞅跑到了營盤的時候，兵車已經成列，魏絳也已經上車，正要去接應欒盈；范鞅對魏絳說：

「欒氏率賊以入。鞅之父與二三子在君所矣，使鞅逆吾子。鞅請驂乘持帶。」

說着就跳上車來，左手抓着魏絳的腰帶——防他逃脫，右手拿着利劍——給他威脅，並沒有問問魏絳同意與否，便下令開車。車夫問魏絳「車往那裏開？」又不等魏絳開口，范鞅便說道：

「之公！」（以上所引均見左傳襄二十三年）

魏絳在范鞅「强取」——劫持之下，來到皇宮。范匄降階相迎，執着他的手，把曲沃賄賂給他，拉他中立。——魏絳便投降了；欒盈的內應部隊竟是叛變了。

這時盈欒叛軍正打到宮門，箭已射入固宮。不幸的是他的先鋒督戎，中了裴豹的暗算而死了。盈欒正攻宮門，范鞅又帶兵反攻出來。巷戰結果，盈欒陣亡，盈魴負傷，欒盈敗回曲沃。從此他在曲沃建立了僞政權——也是個「邊區」——和晉國的中央稱兵對峙了三個月。這個僞政權僞化了曲沃，並沒有僞化了整個晉國。

內外夾攻

齊莊公在派出這支第五縱隊後的三個月，派兵攻晉。爲什麼這樣遲遲其行？大概不外三點原因：一、晏嬰和崔杼一齊反對，崔杼還另有陰謀（見後）；二、莊公缺乏歷史的經驗，他判斷欒盈可以成功；三、進攻盟主，不是細事。遲徊許久，他終於正式出兵，佔領了衞國的朝歌（今河南淇縣）；以後分爲兩翼：左翼入孟門（今山西省孟縣），攻陷郫邵（今山西垣曲縣）；右翼上太行山，進佔熒庭（今山西省澤縣），然後會師少水（今山西滄河），直迫曲沃附近。但是晚了：盈欒的僞政權及其僞軍已被圍攻三月，曲沃終被晉國的國軍收復，盈欒已是全軍覆沒。——齊兵在少水開了一個追悼會，只好退了回來。晉兵來追，齊國亡了一員大將。——這典型的第五縱隊叛變就失敗了。

組織第五縱隊，在敵國之內發動叛變；同時出兵進攻：這叫做「內外夾攻」。這個兵學上的術語便起於此役。（叔帶之亂，和這不同。）司馬遷很重視這個戰略，他的史記上有詳細的記載：

「齊莊公使盈欒間入晉曲沃，爲內應；以兵隨之。——齊兵上太行，入孟門。欒盈敗，乃還。」（齊世家）

「齊莊公微遣欒盈於曲沃；以兵隨之。——齊兵上太行；盈欒以曲沃中反，襲入絳……平公……擊盈；盈敗，走曲沃；曲沃攻盈；盈死……齊莊公聞盈敗，乃還。」（晉世家）

這裏所謂「間入」，就是「化裝侵入」即用間諜戰方式侵入，「內應」就是第五縱隊的基本戰略，「微遣」就是秘密派遣：都洽合於近代第五縱隊戰略。太史公這三個名詞是古代第五縱隊戰略的最初著錄，而都用在盈欒叛變事件上，可見他對這套陰謀詭計是十分注意了。

晉國「以矛攻盾」 晉國吃了這樣一個大虧，當然要謀報復：所以在平公十年，公前五四八年，又率諸侯伐齊。平公學習了齊莊公，事先也勾結了齊國的權臣崔杼，弒死莊公，晉兵乘勢入齊，收了崔杼一大批賄賂，然後退去。這又是一節有聲有色的第五縱隊陰謀史。

原來，齊莊公是崔杼扶立的。他雖然不愧是一個英主，可惜却是色鬼。他勾引崔杼的太太棠姜，常常幽會，竟至公然拿崔杼的帽子送人：色胆包天，讓崔杼太不够「面子」了。在他導演欒盈並派兵伐晉的時候，崔杼本就打算「與晉合謀」（史記齊世家語），襲殺了他；但沒有得到機會。（上面所說的崔杼「另有陰謀」便指這事。）

崔杼把這口氣忍下去，讓這桃色案演進了三年，已到了莊公六年，他利用了一個曾被莊公打過屁股的宦官——賈舉去「間公」（史記齊世家語），就是去作間諜。六月裏的一天，莒國的國王來辦外交，崔杼按照預定計劃，拖病不去料晏；莊公便藉口看病，來會棠姜。但棠姜變了心，走入內室和崔杼一道閉戶不出。不知死的莊公還在擁着廊柱唱情歌，這時賈舉已遮斷了莊公的衛士，而且把大門關上；莊公就被關在庭中了。於是崔杼的兵殺上來，他無處可逃，便被殺掉。

崔杼這個計劃是和晉兵配合聯系着而製定的：晉兵壓境；崔杼弒君。——這也是「內外夾攻」的第五縱隊戰略。而這事中間的交通員（特務）似乎竟是莒國的國王。他才參加了晉、魯、衛、鄭、曹、邾、滕、薛、杞的伐齊之會（夷儀之會），而且十一國聯軍已入齊境，他竟來到齊京，談什麼且于之役的懸案，這就不能不使我疑惑，他是這計劃的參與人——通風報信者。左傳的作者說：

「晉侯濟自泮，會於夷儀，伐齊，以報朝歌之役。——齊人以莊公說。」（襄二十五年語）

「齊人以莊公說」（悅）就是說，崔杼出賣了莊公——送給晉國一樁可喜的禮物：莊公的腦袋。

晉衛關係 在莊公創造了近代型第五縱隊的五十七年之後（公前四九三年），晉國趙鞅（簡子）導演了衛奸蒯聵，也採用了半秘密的方式。

衞國在晉國侵略史上的地位，始終是一個附庸。附庸國必定設法自決獨立（毛澤東則例外），所以衞國在齊國利用欒盈伐晉而晉國失勢以後，就決心擺脫晉國的控制。公前五〇三年，齊國和鄭國締結同盟的時候，衞靈公原就打算參加；但他的大臣們表示堅決的反對。靈公就用了一套策略：派外交部長北宮結去秘密告訴齊國，叫齊國把北宮結扣押起來侵入衞國。齊國照這樣辦了，衞國也就加入了齊鄭衞三國同盟。

齊鄭衞同盟的第二年（公前五〇二年），晉國的范司就率師來侵鄭衞。衞國戰敗，訂立了屈辱的鄟澤條約。這時候王孫賈一班大夫還在反對靈公的獨立政策，但靈公終于喚起官民的敵愾，利用工商階級的力量，制服了反對派，又結成鄭衞攻守同盟（公前五〇一年），齊衞聯軍並且去伐晉。下一年（公前五〇〇年），晉侵衞，更下三年（公前四九七年），齊衞又伐晉，又後幾年（公前四九四年），齊衞再伐晉。在這段戰爭中，孔子雖然拒絕了正面參加靈公的策劃，但在作春秋時，對於衞國的獨立戰爭是贊成的，而對於晉國的侵略是反對的：我們讀這段春秋便可以知道。

扶植蒯聵　晉和衞（還有齊鄭）的國際關係既然這樣壞下來，晉國爲了報復，便要組織第五縱隊——在衞國扶植僞政權。正好在四九七年的時候，衞靈公的太子蒯聵，爲了要殺南子，計劃失敗，逃往宋國，轉入晉國，反對他父親和南子，並甘心勾結晉國，表示衞國不該獨立，允許在自己取得政權以後，撕毀三國同盟，照舊親晉。晉也就決定利用他。——像齊國利用欒盈一樣了。

到了四九三年，衞靈公死去，他的孫公子輒繼位爲君。輒是蒯聵的兒子。兩個月後，晉趙鞅便領着兵和魯國的叛臣陽虎，護送蒯聵來到衞國西部要地的戚城（今河南省中牟縣）。趙鞅和陽虎把蒯聵化裝成一個孝子，穿上縗服，另外派了八個人，穿着衰絰，僞稱是輒打咐來接他父親的，他們哭喪着騙開了城門，晉兵也就跟着進來，加以佔領；於是衞國裏有了「邊區」——「國家內的國家」（「因國」）。

僞「邊區」的作用　蒯聵的僞政權割據了衞西，和他兒子的中央相持了十二年。衞國的國勢被鬧得一蹶不振：四九〇年，晉侵衞，四八八年，晉又侵衞，四八一年晉更侵衞，四八〇年晉第四次侵衞：

衞國內有衞奸，外有强敵，只有招架，不能反攻，齊鄭衞的三國同盟，也無形中失效，看着晉侵齊鄭而不能往救。蒯聵這個第五縱隊——晉國在衞國扶植的僞政權，對衞國竟發生了偌大的破壞作用，比起欒盈眞是難兄難弟，而期間却長得多了（欒盈三個月，蒯聵十二年）。

僞化全國　但傀儡蒯聵並未滿足，在僞政權成立的十二年後，四八〇年，一個冬天，又勾結了他的姐姐孔伯姬（孔悝的母親）和她的姦夫渾良夫，秘密來到孔氏花園。夜間，他和渾良夫化裝女子，僞稱是伯姬的姻妾，坐入車內，混入衞都，到達姐姐的家。吃完了飯，伯姬操着戈，蒯聵和五個奸黨也穿着甲，拿了武器，而且抬着一口豬，把衞國的獨裁者孔悝從厠所裏刼持出來，强迫訂盟，立蒯聵爲君；輒出奔了。這個僞政權升格爲僞國家。第二年（四七九年），又取得周天子的承認，成爲合法的國家！——這段歷史告訴我們，僞政權既經成立，他的父國（僞政權則是「兒皇帝」）必定要把他扶置得奪取了中央政權，變成僞國家。日本人決計讓僞「滿洲國」和僞「中華民國」（汪記）僞化全中國，赤色帝國主義也想讓僞「中華蘇維埃共和國」即僞「邊區」僞化全中國，都是二千四百多年以前蒯聵的翻版。

蒯聵反正　可是歷史又會告訴我們，僞國家成立以後，在一定的時限以內，必會脫離他的父國，而變成反對物：這就是辯證法正——反——合的公式。這種演變，有的由傀儡本身來實現，祿父、宜臼、夷吾、重耳屬於這個類型；有的由傀儡的繼承者來實現，「僞大晉國」的出帝屬於這一類型。——蒯聵便屬於前一類型：在他成爲中央政權的第二年（四七八），便對父國的晉反正了。這一年，晉國召集傀儡蒯聵前往朝拜，或派太子朝拜。蒯聵覺悟了傀儡生活是可恥的而且有害的，便加以拒絕了，而且英勇地恢復了三國同盟。

這還了得？晉國當時便派兵來打衞國；被齊衞聯軍抗了回去。冬天又來侵衞，蒯聵和他的太子公子就在這時被戎人殺掉；公子般被立爲君。——「兒皇帝」不許反抗「父皇帝」，反抗便得被殺，蒯聵和出帝竟是一個命運了（參見拙作「新契丹時代的到來」）。

關於戎人殺掉蒯聵，本是二千年來的一宗懸案。戎是衛國以內的一羣外籍「居留民」，爲什麼幫同晉國，搗亂衛國，以至殺掉蒯聵呢？現在我把這懸案解決了：原來這種人是羌戎，是六三八年晉國在黃河流域埋伏的一隊「白俄」，不但衛國有，就是周京左近也早就有了不少的羌戎。——他們是經晉惠公夷吾從瓜州（今甘肅省燉煌縣）誘取內來，永遠甘爲晉國「不侵不叛之臣」，始終幫同晉國作戰（詳見左傳襄公十四年）。公前五三三年，晉平公就用他們打過周室；這時已經發展到衛國來。這樁事，當時各國都很曉得，也都很懼怕，無怪蒯聵在反正之後要「翦」伐他們了。史記衛世家載：

「莊公（按即蒯聵）上城，見戎州（按即羲幕），曰：『戎虜何爲是戎州』？（按左傳載：「公曰：「我姬姓也，何戎之有乎？」）病之。戎州以告趙簡子；簡子圍衛。十一月莊公出奔。」

四七八年冬天晉侵衛，打蒯聵，就是「戎州以告趙簡子」的結果。晉國佈置這一着棋，和日本以謝米諾夫進攻中國，太相像了。

兩個僞政權的罪惡　齊國組織欒盈僞政權，在晉國內叛變了三個月，這影響誠如宋代林堯叟所說：

「（自欒盈叛變，齊晉戰爭以後，）而天下多故矣：盟於宋，而南北之勢成；會於申，而淮夷至；戰於鷄父，而吳之敗者六國，於越入吳，春秋終焉，蓋於是乎始。」（左傳註）

就是說：晉國從此丟了盟主的資格，退下了春秋的舞台，而南方的蠻族（楚和越）也就鬧了起來，結束了春秋，展開了戰國。欒盈的影響之壞，齊國的陰謀之毒，和以後的比和棄疾不相上下。——今後，如果毛澤東牌的第五縱隊繼續發展下去，無法擊敗，新戰國的時代便要開始了。

至於蒯聵的叛亂，也曾削弱衛國，拆散齊鄭衛三國同盟，解除了晉國的外患；而齊奸崔杼甘心媚外，弒君禍國，也幫了晉國很大的忙。第五縱隊——僞政權和僞國家在七十二年之間鬧得天翻地覆，眞是不祥而可怕的東西了。

欒盈蒯聵和列寧　上距欒盈、蒯聵事件約五百年，在西洋史上也發生過有趣的隱體戰。當時希臘和特類作戰，希臘王 Hgamemman 留給特類王 Priam 一隻巨大的木馬，希臘勇士就藏在馬腹，潛入特類城內，毀滅了特類，這就是有名的「特類之馬」（一名「木馬計」）事件。下距二千幾百年，第一次世界大戰，德國戰略家魯登道夫（時任興登堡的參謀長），利用封閉的火車，把列寧運往俄國，發動「革命」，推翻俄國中央，瓦解俄軍，終於簽訂了布列斯特條約。近二十年，赤色帝國主義用「北方號」（見里昂：赤色舞臺）秘密船和一切秘密性工具，運送「共產黨」潛入中國，叛變迄今。「特類馬」、「曲沃車」、「咸絕服」、「魯登道夫列車」和「北方號」交織而成為一部醜惡的「因國史」。

孔子的評論　最後，我們研究一個有興趣的問題：就是孔子對於欒盈和蒯聵有什麼樣的評論？孔子在欒盈僞政權成立的前一年（五五一）生，在蒯聵僞國家反正的前一年（四七九）死。他對欒事件是深惡而痛絕的。春秋寫道：

「晉欒盈復入於晉，入於曲沃。」（襄二十三年經）

春秋之所謂「入」，就是現代語的「叛變」。左傳成十八年語：「以惡曰復入」，近人柯劭忞註：「大夫據地以叛謂之入，大夫出奔，歸而作亂，謂之入」（見春秋穀梁傳註），這也就解釋什麼是「惡」了。可見孔子對於欒盈受齊唆使，叛國作亂，是加了「一字之貶」的了。經同年：

「晉人殺欒盈。」

穀梁傳：「稱人以殺，殺有罪也。」又曰：「惡之弗有也。」稱殺欒盈者為「人」，反面是說欒盈不是「人」而是「非人」也就是晉奸了。

他對於齊莊公扶植欒盈，來攻晉國的批評是這樣：

「秋，齊侯伐衛，遂伐晉。」（襄二十三年經）

這個「書法」，表示兩點：一、是貶斥齊國叛變了盟主的晉，林堯叟註：「齊始伐盟主也。自袁婁（按即公前五八九年齊晉二次戰爭後）以來，齊世從晉：於是始叛，則晉伯衰而諸侯貳矣。晉之衰，諸侯之變也」這是說：孔子立在「攘夷」的立場，不同意齊之伐晉，當然也不贊成利用晉奸以伐晉了。不過就今天的觀點看，齊國受了晉國長期的控制、搾取和侵略，國辱民困（以「弊」重也），非反侵略不足以生存，所以我對於齊之反附庸反侵略，無寧是和孔子相反，而寄予同情的。二、是指陳齊國伐晉和欒盈叛變的因果關係：「欒盈復入於晉」，緊接着就寫「齊侯遂伐晉」，穀梁傳曰：「遂，繼事也」，說得脉絡分明，這是「內外夾攻」——第五縱隊的戰略。

他對於蒯聵，也是大聲斥責的：

「晉趙鞅帥師，納衛世子蒯聵于戚。」（哀三年經）

這裏的「一字之貶」在於「納」字。春秋上的所謂「奔」，以今語譯之就是投敵；「納」就是組織第五縱隊——扶置僞政權或僞國家（「因國」），穀梁傳曰：「納者，內弗受也」（隱四年），即謂對於外國來組織第五縱隊，我們不能忍受或接受。經文「晉」「納」「衛世子」三詞，就是說晉國扶置衛國的僞政權，而這僞政權是衛國所不能受的。查論語，孔子對於聵輒父子爭國的評論也很不少，都是站在「宗法」的觀點上立論。當年孔子極力攻擊這事，但到底沒有阻止了蒯聵的反叛中央，他畢竟在晉國扶置之下，搗毀了合法的衛國政權。從這椿沉痛的經驗上看，我們現在想用「國法」——國家理論阻止毛澤東的親俄賣國，反叛中央，一定是痴心妄想。我們不是孔子，我們的輿論沒有力量！

從以上各章，我們知道窮羿扶置仲康和相，周國扶置祿父和微啓，戎狄扶置宜臼和叔帶，秦國扶置夷吾、重耳和公子雍，都採用公開的欺騙方式；到齊國扶置欒盈，晉國扶置蒯聵，卻使用了秘密的欺騙方式。這種秘密加欺騙的更進步更陰謀的方式，正是近代型第五縱隊、僞政權和僞國家的先河。齊莊公是史太林、希特勒的「至聖先師」，欒盈是吉士林、毛澤東的「先遠三代」。（三十六年二月七日，作於北平。）

第七章　比和棄疾

吳楚兩國的第五縱隊戰

在周平王宜臼勾結犬戎，弒父殺弟，僭據中央，又不得不東遷洛邑，以避犬戎的同時（公元前七七〇年），一向在南方歷史上湮潰無聞的楚國，開始露出頭角。但她剛一出臺，便扮作一個兇狠的武生，專門向外侵略。她用了二百三十年的功夫，吞滅了「江漢諸姬」，「問鼎」周室，先後和齊國、宋國、晉國爭霸。

楚吳晉關係　晉國在和楚國爭霸失敗的時候（公元五八五年以前），恰好楚國的申公巫臣爲了夏姬的桃色案，逃到晉國，仕爲大夫。巫臣爲了報復他在楚國的仇人子重和情敵子反，就向晉國獻了一個「聯吳倒楚」的計劃。吳國原是早被楚所控制而列爲附庸的小國，這時出了一位民族英雄——壽夢，在向楚國要求「自決」。晉景公採納了巫臣的計劃，派他作了駐吳大使，他就率領着晉籍教官二十五人和兵車九輛，去替吳國訓練陸軍。他的兒子狐庸也竟自作了吳國的外交部長（行人），父子二人促成了晉吳同盟。

古代土肥原　晉吳同盟一年之後，即吳壽夢二年（公元前五八四年），吳對楚宣佈獨立（史記書曰「叛楚」），進攻楚國、巢國和徐國（兩國都是楚國的附庸或與國）。弄得楚國的子重和子反在一年之中七次「疲於奔命」。巫臣是痛快極了；吳楚便勢成水火：從壽夢二年到祭餘八年（公前五四〇年），即是楚共王七年到靈王元年，吳楚兩國直接作戰五次，五伐與國多次，在古代的漢水、長江、淮水之間，展開了長期的戰爭——這四十餘年的戰爭，是由晉國導演而由巫臣父子來執行的。巫臣爲了晉國的利益，利用民族問題（楚蠻吳華）分化了楚國和她的附庸國——吳，這正是一千八百年後帝俄分化外蒙，英國分化西藏，日本分化滿蒙，蘇俄分化外蒙的老榜樣：巫臣恰是古代的土肥原或維辛斯基——一個大特務（間諜組織家）。而就他以楚臣（而且是貴族）投晉，反來搗亂祖國說，又是近代漢奸的始祖之一。

一顆巨彈　吳楚戰爭繼續了四十八年之後，楚國的王座上坐下了靈王。靈王名圍，原是令尹，手握兵權。他絞死楚王郟敖（員），自立爲王，野心更爲加大，決定學步齊桓，稱霸中原，征服吳國。他繼承着八年前楚康王會宋之威，又整軍經武，準備了兩年。即位的第三年上，便派了一個使者——伍員的祖父椒舉，要求失勢的盟主晉平公，說是要會盟諸侯。這時晉國因爲欒盈僞政權的叛亂，國勢蜩螗，只好捏着鼻子允許了。他就在這年六月，和秦國、鄭國、陳國、許國、滕國、頓國、胡國、沈國、邾國、宋國，會於申地，組成一支聯軍，七月同去伐吳，攻陷了朱方；吳國出兵反攻，也擄掠了楚國的棘櫟麻三城。第四年，他率領蔡、陳、許、頓、沈、徐各國聯軍，加上越國和東夷的兵，再來伐吳。八年滅陳，十年滅蔡，十一年伐徐。九年之間，楚國已經將吳國三面包圍起來。到了十二年（公前五二九），他仍然親率部隊駐在乾谿，在等候所派大將掃平徐國之後，就要夾攻吳國了。可惜得很，這時候吳國在楚國裡埋藏了的一顆巨型炸彈——第五縱隊爆發起來，炸毀了靈王，也炸毀了楚國！

楚靈王的「內在矛盾」　這支第五縱隊的首領是公子比和公子棄疾。導演者是觀從。觀從是蔡大夫觀起之子，三年申地會盟之時，靈王殺了觀起（此從史記楚世家；若據左傳，則觀起爲楚康王車裂以死），觀從便逃往吳國；十年，楚滅蔡：靈王對於觀從，是有殺父滅國的大仇。比和棄疾都是靈王之弟，靈王和招（康王）、比、皙、棄疾（平王）同是共王所生。共王死後，子招立爲康王。康王死，子員立。靈王絞死子員（郟敖），自立；比奔晉，皙奔鄭：比和皙在靈王跟前是兩個失意出亡的貴公子。靈王在作令尹的時候，又殺過大司馬薳掩，霸佔了他的公館；即位後，奪了薳居的田；遷許的時候，把許圍拿來作質（俘虜）；滅蔡的時候，殺了蔡洧的父親；申之會，辱越大夫常壽過；奪取了門韋龜和他兒子蔓成然的采邑——靈王惹下了這一大批仇人。他滅蔡，滅陳，又新樹立了兩個仇國。仇人和仇國都在等待報仇的機會，這機會就是乾谿之後。

吳國的大特務——觀從　在乾谿之役的當時（公元前五二九年周曆四月），棄疾正以蔡公的身份統治着新被滅亡的陳、蔡兩個故國，是一個很爲重要的後方。蔡國的亡國大夫朝吳，隨在棄疾的左右；而第五縱隊的組織家——靈王的仇人——吳國的大特務——觀從，就掩護在朝吳的幕門。原來觀從逃到吳國之後，勸吳伐楚，這時已潛入楚的後方。他對朝吳說：

「今不封蔡，蔡不封矣！我請試之！」（左傳昭十三年語）

用現代語意譯出來，就是說：「不利用吳楚戰爭的機會，搗亂一番，蔡國便不會光復了，請看我試驗一下」。朝吳當然表示同意。觀從於是開始表現他的特務天才：先鼓動越大夫常壽過稱兵叛變，並且利用薳居、許圍、蔡洧、蔓成然等一羣「喪職之族」，作了常壽過的內應，圍了固城，佔領了息丹城；一面僞造棄疾的信件，派了兩個小特務到晉國去召公子比，鄭國去召公子晳，大概信裡說的是要打倒靈王，立比爲王。

比和晳應召來到蔡國城郊，觀從才出城對他倆說明：「棄疾實在不知道這個陰謀，函件也是僞造的；但你們既然來了，只好硬幹」。比和晳表示不敢；觀從就用常壽過的兵和偷運進來的小隊吳兵，强迫着他倆立了盟誓，然後襲入蔡城。

這時候棄疾正在吃飯，看到比和晳領兵進來，不明眞際，便悄悄地逃了。觀從叫比坐在棄疾的桌旁吃飯，對外聲稱比和棄疾正在會餐。然後在院內佈置了盟誓的坎，殺了一個牲口，僞造了一個同盟倒靈的誓約；打付比趕快出城。觀從却召集蔡人，宣布着說：

「蔡公召二子，將納之，與之盟而遣之矣！將師而從之。」（左傳昭十三年語）

蔡人認爲觀從造謠惑衆，擾亂後方，聚攏了來，正要加以逮捕；於是參與這個陰謀的朝吳發言了：

「二三子若能死亡，則如違之，以待所濟；若求安定，則如與之，以濟所欲。且違上，何適而可

？」（同上引）

這話是說：「諸位如果能替靈王賣命，便可以違背蔡公的命令，坐觀成敗；若求安定，便可以參加蔡公起義，讓他達到目的。你們如不參加，正是違背了蔡公，這怎能辦呢？」朝吳這一番話，句句假借名義，欺瞞蔡人，把一樁蔡公還不知道的陰謀，拉到蔡公的身上來；對於蔡人，則懼以死亡，誘以安定：真是頭頭是道。蔡人信以為真，說道：

「與之！」

這是表決通過了。

棄疾參加叛變

幾個鐘頭之前，棄疾雖然嚇跑了，但是定一定神，打聽明白，原來比、晳、觀從、朝吳和蔡人，不但不是有害於己，而且是擁護自己，要共同打倒靈王。棄疾對於王位，本有「可取而代」的野心，又得到這個機會，怎能不以假為真將計就計？於是在大家擁護之下，他召來比和晳在鄧城盟誓，認真宣佈了陳、蔡獨立。

獨立之後，比、晳、棄疾、蔓成然和朝吳，帥領着陳、蔡、不羹、許、葉的兵，利用薳氏、許圍、蔡洧、蔓成然四族的徒衆作為內應，倒戈入楚，到了國都（郢——今湖北省江陵縣）郊外。棄疾先派須務牟和史猈秘密進城，買通靈王太子祿的「正僕」（親信），殺死太子祿和公子罷敵，叛軍隨後進佔京城，肅清了王宮裡靈王的餘黨：於是比就了王位，晳作了令尹，棄疾作了司馬。——到了這時，吳國觀從導演的第五縱隊完全勝利，客觀上吳國在楚國之內扶植的偽政權是成功了。

分化政策

晳領着兵，馬上進駐魚陂，準備抵禦靈王的班師靖難。大特務觀從，也隨軍挺進到了乾谿。史記載觀從：

「令楚衆曰：國有王矣！先歸，復爵、邑、田、室；後者遷之！」（楚世家）

左傳文字和這段稍有不同，作「先歸，復所；後者劓」。這個分化政策又告成功：靈王才回師訾梁，他的部下業已接受宣傳，旗倒兵散；他也只好孤身逃走，三天之後，縊於鬭澤。

觀從的另一陰謀

但是觀從對於自己的這篇創作並不表示滿足，他還要接連着搗亂楚國。他蠱惑比（這時已卽位，稱爲初王）說：

「不殺棄疾，雖得國，猶受禍！」

比說：

「余不忍！」

「人將忍王！吾不忍俟！」

觀從這樣答覆着；比仍是不聽。史記記載着觀從在這對話之後「乃去」（楚世家）。但我推測，他似乎又去鼓動棄疾殺比，這有點蛛絲馬跡，可以作證：就是未過幾天，棄疾殺比，自立爲平王。在酬勛時，棄疾向觀從說：

「恣而所欲！」

「欲爲卜尹！」

觀從對得乾脆；棄疾便發表他作卜尹。爲什麼這樣賣他的賬？從這點上可以判斷他多份是殺比的主謀者。

古代神經戰

棄疾殺比這幕政變，在史記楚世家裡，也寫得有聲有色：

「棄疾歸，國人每夜驚曰：『靈王入矣！』乙卯夜，棄疾使船人從江上走呼曰：『靈王至矣！』國人愈驚。又使蔓成然告初王比及令尹子晳曰：『王至矣！國人將殺君！司馬將至矣！君早自圖，無取辱焉！衆怒如水火，不可救也！』初王及子晳遂自殺。丙辰，棄疾卽位。」

這是「神經戰」——第五縱隊戰卽間諜戰的最古典最生動的詳細紀錄了。觀從利用「錯覺」，造成第一次叛變；棄疾——或卽觀從又利用「恐怖」，發動第二次政變。這套戰術傳到二千年後，仍被赤色帝國主義應用着，原則並未變更，只是增加一些新的技術而已——赤色第五縱隊的殺人放火只是製造「恐怖」的新技術，「民主」、「解放」也是製造「錯覺」時所用的新口號。

第五縱隊戰之收功　楚國在這十幾天之內，鬧了兩次政變，天翻地覆，人心惶恐，中央殘破，前線也就隨之瓦解。吳兵配合着他的客觀的第五縱隊的成功，由徐國反攻，把楚軍和聯軍完全擊潰，楚大將蕩侯、潘子、司馬督、囂尹午和陵尹喜等五人一齊被俘，吳兵追奔逐北，直入州來，滅之。

吳大勝，楚慘敗以後的秋天，晉國（昭公）會盟諸侯於陳，周室、齊國、宋國、衛國、鄭國、曹國、莒國、邾國、滕國、薛國、杞國、小邾國都來參加。（吳以水路不通，未出席。）晉國呼出了一口四十多年的悶氣，爭回來整整被搶去十年的「面子」（盟主）：這是申公巫臣「聯吳倒楚」政策的收功。楚國的百年霸業却從最高峯一直向下墜落：

公元前五二九——第五縱隊作亂，靈王死，比立，棄疾立。

五二八——平王（棄疾）取守勢：「簡兵」、「息民」、「好於邊疆」。

五二五——吳伐楚；楚敗。

五二三——楚人民疲勞死轉。

五一九——吳伐楚，伐州來；楚師大奔。吳入郹，敗陳、蔡。楚京設防。

五一八——吳滅巢。

五一六——楚昭王立，此後「無歲不有吳師」。

五一五——吳圍潛。

五一二——吳滅徐。

五一一——吳伐楚，伐夷，侵潛，圍弦。

五〇七——吳敗楚於豫章，克巢。

五〇六——吳入楚京（郢）：昭王出奔。

五〇五——秦救楚，越攻吳；吳兵去；昭王返都。

五〇四——吳伐楚，取番；楚遷都。

這個表說明了：從九二九年，楚靈王十二年，觀從組織的第五縱隊在楚發動內亂起，到五〇六年，楚昭王十年，吳兵攻陷楚國首都爲止，短短二十三年之間，楚國國勢便由九天下入九淵。叔孫昭子說過：

「楚不在諸侯矣！其僅自完也，以持其世而已。」（左傳昭十九年語）

這是春秋大政論家對於比和棄疾叛亂後楚國局勢所作的分析，語在公元前五二三年，即楚都淪陷前的十八年。從他這話裏看出比和棄疾的可惡——他哥倆斷送了祖國的命運；也看出觀從的可畏——他一手握着吳楚興衰的關鍵。第五縱隊僞政權禍人家國，眞是怕人極了！

不過我們平情立論：比和棄疾雖然在客觀上作了第五縱隊，成爲有利吳國的僞政權；但在他們的主觀上却非甘心媚仇，供吳利用——即客觀上，他們是楚奸；而主觀上並不是楚奸。——毛澤東却和他們不同，客觀上，主觀上，都是漢奸。毛澤東恰恰和上文提到的申公巫臣，以及下文要記的建母、伍員（子胥）、伯嚭等人相同。

楚國的女奸

建母是楚平王棄疾的夫人，太子建的母親。平王曾爲太子建訂了一個秦國國籍的未婚妻，長得漂亮，他就聽從了費無忌的話，霸佔了兒媳婦，另外給太子建討了一房。後來派太子建去坐鎭邊疆的城父，又聽從費無忌的讒言，命令奮揚去殺太子建。太子建逃到宋國，轉到鄭國，替晉頃公作內應（第五縱隊）；事洩，被鄭殺了。建母先時被平王遺棄，住在居巢。

平王十年，即公元前五一九年，吳兵伐楚。史記載：

「太子建母在居巢，開吳；吳使公子光伐楚。」（楚世家）

又載：

「吳使公子光，因建母衆，攻楚。」（同上書）

左傳載：

「楚太子建之母在郹，召吳人而啓之；吳太子諸樊（按：諸樊誤）入郹。」（昭二十三年語）

上文所用的「召」字，就是現代語的所謂「勾結」；「開」字和「啓」字，就是「內應」；「因」字，就是「收買」和「利用」。這是說建母主觀上決心作楚奸，勾結吳國，作爲內應，而吳國也「收買」和「利用」這個楚奸。建母有「衆」（兵），正是一支第五縱隊了。

伍員及其漢奸理論　伍員是伍奢的兒子，椒舉的孫子。費無忌在讒害太子建的時候，連帶也說了伍奢的壞話。結果平王殺了伍奢和伍尙；伍員也隨太子建逃往鄭國。太子建被殺，伍員又出奔到吳，勸吳伐楚，作了吳國的外交部長，獻「聯唐」「聯蔡」和「三軍輪流擾楚」之策。楚昭王即位後，「無歲不有吳師」，這就是伍員的戰略。到了昭王十年，他和孫武、伯嚭率領吳、唐、蔡聯軍，畢竟攻入祖國的國都，打垮了自己的中央，把平王的屍首掘出棺來，打了三百皮鞭。他是爲父兄報了仇；但他的亡父必在天上咬牙切齒，痛罵他這個楚奸。這用伍奢被殺以前講的話，可以作證。原來伍奢被執之後，平王採納費無忌的話，要伍奢召來伍尙和伍員。伍奢說：

「尙至；員不至！」

「何也？」

「尙之爲人：廉，死節，慈，孝而仁。聞召而免父，必至，不顧其死。胥之爲人：智而好謀，勇而矜功，知來必死，必不來。——然爲楚國憂者必此子！」

尙，果然應召而來，與父同死；員逃。伍奢說：

「胥亡，楚國危矣！」

這位忠藎老臣，在蒙冤垂死之時，不但絕不怨君，而且憂心國運，眞是可泣！可歌！可敬！可佩！值得採入小學課本，永作國民的模楷。——因此我敢斷定他必痛恨伍員。

伍員作了楚奸，還是他主觀上自己承認過的。他的朋友申包胥，在吳兵入郢之後，赴秦乞師之前，曾斥責伍員作奸禍國。他便答道：

「吾日暮塗遠，吾故倒行而逆施之！」（史記楚世家）

「倒行逆施」四字是千古名言，也正是千古醜言，一切國賊漢奸的論理都根源於此，就是楚奸伍員親口供出來的。

太宰嚭　伯嚭就是太宰嚭，原是楚國正人也就是晉國的亡臣伯州犂（郤宛）的兒子。（此據史記集解；若據左傳、則伯州犂和郤宛係兩人。）費無忌害死了伍奢父子，又嗾使平王炮烙死了伯州犂；伯嚭奔吳，仕吳為大夫，與伍員同作楚奸，引吳伐楚。他後來又私通越國，出賣吳國：這個人只是國際間諜。他在主觀上，當然明白自己是如何人物。

上邊寫過的申公巫臣、建母、伍員和伯嚭，都是主觀客觀條件具備的楚奸。巫臣為了夏姬，建母為了被遺棄，伍員和伯嚭為了報父仇，（比皙則為失意），都是因小我之不平，禍大我以洩忿，千古之下，人人得而誅之。但是，謀人家國者，也不容不多方設法宣洩不平，消滅漢奸的來源，為國家彌隱患，為人才謀保全。我們看巫臣和伍員，不是頂優秀幹練的外交家麼？為什麼竟自作了投敵賣國之人？怪他自己；其實也怪當道。

楚國利用吳奸　吳國固然善於利用楚奸，這在上文已說過了；楚國也曾利用過吳奸，不過沒有多大的成功。頭一次是利用吳將公子燭庸和蓋餘。原來吳國闔廬為了要篡奪王位，設法拱騙吳王僚，派燭庸和蓋餘去伐楚（事在公元前五一六年）。他倆個是王僚的親兄弟，手握兵柄，擁護王僚的。他倆被「調虎離山」之後，闔廬刺死王僚，自立；他倆於是降楚。左傳載：

「楚子大封而定其徒：使居養，城之；取城父與胡田以與之，將以害吳也。」

所謂「大封而定其徒」，就是給他倆一塊防地（養城），發了大批給養（田），收容這支降兵，編為偽軍

•楚子西爲這事表示反對，他說：

「吳光新得國，而親其民——視民如子，辛苦同之，將用之也。若好吳邊疆，使柔服焉，猶懼其至；吾又疆其仇，以重怒之，無乃不可乎？」

昭王不聽。但到了第三年，吳來伐楚，便捕殺了燭庸和蓋餘：楚國的「疆其仇」，「以害吳」的扶植吳奸——僞軍——的計劃，就失敗了。

第二次，楚又扶植夫概，這事發生在楚都淪陷的次年。史記載：

「越聞吳王在郢，國空，乃伐吳；吳使別兵擊越。楚告急秦；秦遣兵救楚，擊吳；吳師敗。闔廬弟夫概，見秦越交敗吳，吳王留楚不去：夫概亡歸吳，自立爲吳王。闔廬聞之，乃引兵歸，攻夫概；夫概奔楚。——楚昭王乃得以九月復入郢，而封夫概於堂谿，爲堂谿氏。」（吳世家）

夫概走的路子和楚公子比相同：都是乘着國王上了前方，却在國都搞起政變。公子比是吳國派人導演的；夫概是否也由楚導演，於史失考。不過看他失敗後向楚國跑，又受楚國封，總有事前勾結之嫌。夫概叛變的結果，也和公子比相同，而影響却小：公子比顚覆了中央，瓦解了國軍，自立爲王，楚國一蹶不振；夫概却僅僅解救了楚都，吳國則傾而復安。這叛變相同，結果稍異的道理，由吳楚當日的政情上可以看出：吳王闔廬是很得民心的，這據上文子西所說的「親民如子，辛苦同之」八字，可以知之；楚靈王則不然，據史記楚世家，比亂之前，「國人苦役」，比亂當時，據左傳語又是：

「民患王之無厭也，故從亂如歸！」

靈王在聞亂後自己也說：

「衆怒不可犯也！」（左傳昭十三年語）

楚人之所以「從亂如歸」「怒不可犯」，正是靈王不得民心的結果。我們知道：與國儘可以到我國來找漢奸，扶植僞政權，組織第五縱隊；但謀國者能得民心，則受害小；否則受害大：這是很重要的教訓了。

吳楚之間的第五縱隊戰——收買漢奸，扶植「因國」，編組僞軍，導演內亂——是世界史上最火熾的又一幕了。現在，白色帝國主義組織的第五縱隊、僞政權、僞國家——溥儀、殷汝耕、德王、王克敏、梁鴻志、王揖唐以至汪精衛，果然是一齊倒下去了；但赤色帝國主義組織的第五縱隊、僞政權、僞國家——柴巴桑、毛澤東，不是還在跳梁？這班奸叛，爲了個人的利益，不自知不自覺地受了異族的利用，披着「黨」「國」的外衣，和祖國搗亂，難道說非學步比和棄疾的後塵，把中國鬧亡了不止麼？——我也知道，這話是勸不憒喚不醒他們，等於白說；不過，極大多數的中國人，倒是應該仔細讀一讀古代史和近代史，提高對於第五縱隊的警覺性，切切不可「從亂如歸」，像楚國的傻百姓一樣，中國就終會得救了。（三十六年二月，作於北平，三十七年八月，刊於瀋陽東北前鋒日報。）

第八章　春秋時代的諸因國

本章原名「春秋奔納考」，三十七年在瀋陽發表時，撰有小序如下：

公前七七三年，周朝的失意太子宜臼「奔」赴申戎；七七〇年，申戎西戎和鄫戎「納」入宜臼，立爲平王。直到春秋末年，這三百年（七七三——四七九）裏，「奔」「納」事件大約發生了八十多件。內容完全的也有三十六件。感謝我們的偉大歷史家孔子、吳起和司馬遷，把這些事件留下紀錄，創造了「奔」「納」兩個含義豐富的名詞，給毛澤東留下許多面好鏡子。

「奔」字初見於隱公元年左傳，用現代語譯過來，「奔」就是勾結敵國。那個年代的政治失意份子出「奔」的對象，必是敵國（通婚之國，原來也是敵國）或異族，因爲只有敵國或異族才能保護來「奔」的外國人，而不會被引渡回國。「奔」來之後，也必定行賄敵國，以求再被「納」回本國。「納」字初見於隱公四年左傳，用現代語譯過來，「納」就是扶植傀儡。敵國或異族，必定利用來「奔」的外國人，武裝或秘密地護送回國，建立「友好政權」，也就是扶植偽政權和偽國家——「因國」。我逐一仔細研究了這八十多個「奔」「納」事件，獲得了一個確切不移的結論：一部春秋「奔」「納」史，便是一部「因國史」。

宜臼、叔帶、夷吾、重耳、雍、欒盈、蒯聵、比、晳等九件，本都是春秋「奔」「納」史之一，因爲史料比較充份，已經分別寫入「因國史」。現在把其餘的二十七件，一總彙寫在這裏。

衛國扶植的傀儡——鄭公孫滑

鄭國的武公娶了申戎的武姜，生過兩個混血兒，老大名叫寤生，立爲世子；老二名叫共叔段。武姜却是偏愛着公叔段，討厭寤生。武公卒後，寤生依法繼位，諡爲莊公。武姜向莊公要求把京城（今河南省滎陽縣）作爲共叔段的采邑。京城在鄭國國都的西方，有一百多個垛口（周三百餘丈），比起國都來大小差不多，是個富庶險要的所在。

共叔段到了京城之後，便命令鄭國的西部和北部脫離莊公的統治，不久又把這兩部收歸自己的掌握，並向東北發展，侵佔到了廩延（今河南省延津縣）。他修城築池，招兵買馬，割據了小半個鄭國，建立爲「邊區」，和中央成爲有實無名的「獨立」。孔子和左傳作者紀錄共叔段的情形，說他像是第二個鄭君（左傳隱元年：「如二君」）。

但是共叔段並不滿足，他還要公開叛變，打倒中央。他擬定計劃，由他率兵攻擊鄭都；武姜則在城裏用第五縱隊作爲內應。日期是公前七二二年周曆五月的某一天。不過，這全部計劃都被莊公偵查明白，所以共叔段剛一叛變，莊公就用二百輛兵車（甲士六百名，步兵一萬四千四百名）把他打敗，京城的官民也對他倒了戈。他退到鄢城（今河南省鄢陵縣），莊公也打到鄢城。他便「奔」往共國（今河南省輝縣），他的兒子公孫滑也「奔」赴衛國（今河南省淇縣）。莊公把母親抓了起來，囚在城潁。——這是宜臼之後最初見的反叛中央事件的第一段落。

公孫滑到衛國，實行勾結。十月，衛桓公便派兵助他伐鄭，攻佔廩延。公孫滑，就在那裏重新創立了僞「人民共和國」。這一次衛兵和公孫滑的僞軍來勢狠猛，莊公的兵支撑不住，只好調借周朝和虢國的兵前來助戰，攻入衛國的南部，另請邾國和魯國派兵來援：結果才算把公孫滑打出國境去了。但他從此以後不斷地進攻祖國——第二年多，鄭國伐衛，左傳載着是爲了「討公孫滑之亂」；第三年，鄭國又和齊國續訂同盟於石門，大約也是爲了對付公孫滑的叛亂。——直到第十一年上，莊公還有「寡人有弟，不能和協，而使餬其口於四方」之歎，足見共叔段（及其子公孫滑）的叛變是沒有成功。——衛國把公孫滑扶植成爲僞政權，在左傳選本上是開宗明義的第一章，讀過「古文觀止」鄭伯克段于鄢的朋友，大概都會熟悉這段故事（公前七二二——七二〇）。

二　鄭國扶植的傀儡——宋公子馮

在鄭國爲了衛國扶植公孫滑的僞「人民共和國」而抗衛的第四年，公前七一九年，她也在宋國扶植了公子馮的僞政權。

上一年（公前七二〇年）的周曆八月，宋國的穆公病了，囑咐大司馬孔父嘉（孔子的六世祖）不要立自己的世子馮，而立侄子與夷爲君，還是恢復「兄終弟及」的殷制。孔父嘉對他說：「羣臣願奉馮也！」還是採用周制「父死子繼」。穆公沒有答應。穆公卒後，孔父嘉遵照遺囑立與夷，是爲殤公；公子馮爭立，（由春秋對宋穆公之葬書日，可以推知），不勝，便「奔」往鄭國去了。

公子馮到鄭國和莊公勾結，莊公便派了些兵，在公前七一九年（宋殤公元年），「納」公子馮於宋，建立了一個僞「人民共和國」，和殤公的中央對立起來。當年夏天，宋殤公、陳桓公、蔡宣侯和衛州吁，組織聯軍，攻進公子馮的僞「人民共和國」，並打入鄭國，把鄭都的東門圍了五天。秋天，宋、陳、蔡、衛等聯軍還有魯國的公子翬（隱公不同意此事）又去伐鄭，鄭軍大敗，地裏的糧食都被聯軍割去。

從這以後，周朝東方的諸國結成兩個集團：鄭國和齊國立在一面，支持公子馮的僞政權；魯、宋、陳、蔡和衛國立在一面，反擊公子馮的僞政權，兩個集團作了「十年戰爭」。（當然也有其他的原因。）

這戰爭打到公前七一〇年周曆一月，宋奸公子馮得到宋國太宰華父督的內應，弒了殤公和孔父嘉，「召馮於鄭而立之，以親鄭」（左傳桓二年語），謚曰莊公。華父督叛變當時，用郜大鼎賄賂魯桓公，對齊、陳、鄭等國君都送禮物，遂作了宰相。華父督弒立當時曾有一篇宣言說：

「殤公卽位，十年而十一戰，民苦不堪！」（左傳桓二年語）

這理由也許是「光明正大」，可以騙取國際的同情和國人的擁護，承認公子馮的僞政權使之合法化，而免去弒君（打倒中央）的大罪。但這禁不起歷史的分析：試問這「十一戰」因何發生？「民」衆因何受「苦」？若沒有宋奸公子馮的勾結鄭國，鄭國若不在宋國扶植僞政權，便根本沒有戰爭，民衆當然可以安居樂業。「殤公卽位十年而十一戰，民苦不堪」，不是殤公的罪狀，却是宋奸公子馮和鄭莊公的罪狀。——這和目前僞黨「中共」的尾巴們的盲目反對「內戰」，眞是一路昏庸。沒有毛澤東和赤色帝國主義，中國便沒有「內戰」。昨日的華父督——「民盟」之流，不正在「召毛於俄而立之，以親俄」嗎？無怪他們大聲疾呼反對「內戰」了。

在這「十年戰爭」的第六年上，公前七一四年，左傳上出現了「宋公不王」四個字。古代史家對這小小四個字都不求甚解。據我的發明，這是從微啓以來的僞宋國之對周反正。按：宋穆公傳位於侄，原是變相的「兄終弟及」制度。這種制度原是殷朝的制度，和周朝「父死子繼」制度全然對立。宋宣公傳位穆公，復活了七世不傳的殷制，表示殷族文化對周族文化的抗議，穆公傳位於侄成爲變相的「兄終弟及」，仍是象徵着殷族文化對周族文化的抗議。而鄭莊公扶植公子馮，打擊宋殤公，却也表示周族文化仍在壓迫殷族文化。到了宋殤公六年，卽公前七一四年，作爲僞宋國的傀儡的他，竟至「不王」，這是周民族間接統制殷民族三百多年以來的第一件大事：僞宋國（殷族）對周朝（周族）舉起反正的旗來。次年，魯、齊、鄭起「討不庭」（左傳隱十年語）之師伐宋，正是打擊反正軍，打擊不肯代表周朝間接統治殷民的宋殤公。到了公前七一〇年，宋殤公也算是反正四年了，宋奸公子馮倒底在鄭國扶植之下，弒死殤公，被立爲君，正表示反正的宋國又被壓平，重行服從間接統治了：所以公子馮的身份，就宋鄭關係上說，固然是宋奸，就殷周關係上說，他也正是殷奸。

宋殤公反正時，曾和衞國聯軍。衞國建於公前一一二二年，統治者是周民族，被統治者是殷民族。衞字在古代和郼字當是一字，郼讀如衣，衣就是殷，所以宋與衞爲同一民族（殷族）。四百年後，統治衞國的周族人能和反正的宋國聯軍，一道「不庭」，這裏看出頑強的殷民族也曾影響了他的統治者的國策（公前七二〇——七一〇年）。

三　秦國扶植的傀儡——芮伯萬　在鄭國用了十年力量扶植宋奸公子馮的僞政權而僞化了宋國的第二年，公前七〇九年，周朝的西方也發生了事故，那就是芮伯萬的出「奔」。

芮國（今山西省臨晉縣）的君王名萬，大概是個昏君。他的母親是芮姜，討厭他多用寵臣（？），便趕掉他，另立新君；芮伯萬「奔」赴晉國的魏邑去了（依春秋魯昭公例，此宜書「遜」，因爲芮伯實爲合法中央）。

那個年代，秦國已在關中平原上立定脚根，決計向東發展，芮國和梁國正是秦國東進的目的物。次年，公前七〇八年秋，秦寧公派兵侵芮，打了敗仗。冬天，周朝的兵和秦國的兵圍魏，秦兵把芮伯萬帶回秦國。秦兵圍魏的主要原因，我斷定就是爲了要製造傀儡——芮伯萬。這情形和九一八後土肥原在天津暴動，執去溥儀，立爲僞「滿洲國」的「執政」，完全相同。果然，到了公前七〇二年秋，秦出公使「納芮伯萬於芮」（左傳桓十年語）。據宋朝的林堯叟在左傳註上說：

「以困芮也。」

這就證明我的判斷是不錯的。自從春秋直到現在，甲國在乙國扶植僞政權，主要的原因就是爲了困擾乙國，以達到吞併乙國的目的。日本扶植溥儀、汪精衞，表面上是爲了「大東亞共榮圈」，赤色帝國主義扶植毛澤東，表面上是爲了「世界革命」，其實都是爲了困擾中國滅亡中國。勝利以來，我國國際地位一落千丈，民生極苦，交通大壞……這一切一切都是赤色帝國主義「納毛於華」「以困華也」的結果。

到了公前六三九年左右，秦國畢竟滅亡了芮國（公前七〇九年——七〇二年）。

四　宋國扶植的傀儡——鄭公子突

公前七一〇年，鄭國曾在宋國扶植宋公子馮（莊公）的僞政權（見本章二節）；十年之後，宋國也在鄭國扶植僞政權。宋國的扶植者，却正是宋莊公（公子馮）；鄭國被扶植者（傀儡）是公子突。從歷史的角度看：這是一樁「幽默」，一個諷刺。

公前七〇一年夏，鄭莊公卒，祭仲立世子忽爲昭公。這是合法的鄭中央，因爲世子忽是莊公的嫡子；公子忽的異母弟公子突「奔」赴宋國。公子突是莊公娶雍姑所生，外家雍氏在宋國是貴族。宋莊公想起十年前勾結鄭國，送了許多賄賂，才由鄭國扶植登臺，也算輸出偌大的賭本。正好公子突也前來勾結，大可藉這機會，翻上幾百和了：於是便把祭仲誘來上綁，然後對他說：

「不立突，將死！」（左傳桓十一年語）

也把公子突綁上，求賂。祭仲被迫訂盟，帶領公子突回國，立爲厲公；昭公（公子忽）也就逃到（從春秋例應曰「遜」）衞國去了。

從僞國家論（因國論）的立場來看，宋莊公扶植鄭厲公，只是一部生意經，一盤買賣，沒有遠大的政治目的：因此在厲公（公子突）篡位之後，莊公便不斷向他索賄。索賄的物件和數量一定很多，以致「民不堪命」（左傳桓十三年語），鄭國開付不起，兩國終致斷絕了國交。

鄭宋的糾紛鬧了將近一年，到了公前七〇〇年秋，魯桓公出面說和，親往宋國，在穀丘、虛和龜三地先後會談三次，直到十一月，宋莊公反覆無常，不答應和鄭厲公講和，也不允許少取賄賂。最後惹惱了魯桓公，就在龜會之後，完全同情了鄭厲公，和鄭結成武父同盟，帥師伐宋，打入宋國。這局面演化到公前六九九年春，擴大爲鄭、魯、紀三國對宋、齊、衞、燕（南燕）四國之間的戰爭：結果宋、齊、衞、燕聯軍被打得慘敗。第三年，公前六九八年冬，宋、齊、衞、燕聯軍反攻入鄭，焚燬了鄭都的渠門（午門），入大逵（午門大街），伐東郊，取牛首，拆了鄭國的宗廟，載去廟上的椽木，架在宋國的盧門上，眞是極盡了禍鄭辱鄭的能事。大凡古今的傀儡，包括毛澤東在內，都是「狂虐病」患者（自虐狂加他虐狂）。宋莊公便是確實的一例，這種漫天要價的索賂，侮蔑宗教、風俗、人情的拆廟，正是當年自己行賂時所結的「自卑情結」的掩蓋——他在彌補個人自卑的缺口，因而形成「他虐狂」。如今毛澤東和毛孩子們的殺人放火，儘管怎樣說這是「革命手段」，但戳穿心理，只是「自卑情結」在作祟。宋莊公這樣虐待鄭厲公也正是虐待着自己（就是自虐狂），因爲今日的鄭厲公正是十年前宋莊公自己的影像。

但宋莊公總算對於扶植他的鄭國反正了（他打了鄭國）；鄭厲公拒不付賂，也正和夷吾、重耳自動廢約不肯割地與秦相同，也算對宋國反正了。反正這樁事，就心理學的見地來說，也是「自卑情結」的掩蓋——彌補自卑的缺口。自卑的人，到一定期間，必一變爲絕對的自尊（絕對的自尊也就是他虐狂），自尊心支配着傀儡終會反正。歷來作傀儡作漢奸的人必會反正（除非他死得早），就因爲這種心理也存在在他們的腦中。不過，毛澤東却是不會反正的——他絕對不會作狄托。

閒言少敍，且說鄭厲公篡立之後，祭仲專政。公前六九七年夏，他派雍糾去謀殺祭仲。不意雍糾的老婆（祭仲之女）洩露了秘密，結果祭仲倒是殺了雍糾，鄭厲公也只好出「奔」到蔡國去了。祭仲又迎昭公（公子忽）復辟。

當年九月，鄭厲公從蔡國勾結回來，買通了櫟城（鄭地）的人作爲內應，殺死守城大夫檀伯，便又割據鄭地，建立僞「人民政府」，和合法的鄭中央（昭公）對抗起來。冬天，魯桓公、宋莊公、衞惠公、陳莊公會於袲，計劃扶植厲公伐鄭；失敗而退。這因爲鄭厲公篡位雖不合法，但曾被列入盟會，經各國承認。宋國對他特別好感，是因鄭宋在演傀儡戲。次年，公前六九六年春，魯、宋、蔡（桓公）、衞（惠公）、文會於曹，再謀「納」厲公。夏天，魯、宋、衞、陳、蔡聯軍伐鄭，這一仗打到七月，仍然沒有打敗鄭國，只好由宋國借給鄭厲公不少的兵，守護着僞「人民政府」。在鄭國中央方面，昭公在這年冬天被弑，弟亹立，當年便被齊國殺了，亹弟嬰（史記作儀。民七新鄭出土的銅器裏有王子嬰次鑪。嬰、儀係一音之轉）繼立。嬰立十四年，到了公前六八〇年，這十六年之間，鄭國被僞「人民政府」攪得衰弱不堪，例如公前六九一年，魯莊公約會鄭國討論紀國的問題，便爲「櫟難」而不得不辭謝了。

鄭厲公的僞組織鬧了十六年「外患性的內亂」，到公前六八〇年夏，自櫟侵鄭，打到大陵，誘封了大夫傅瑕（史記作甫瑕），威脅求入；傅瑕返都弒嬰，迎厲公入都。——這第二次被宋國豢養的傀儡又竊據了鄭國的中央。宋國第一次扶植他，原已失敗得很慘了，第二次爲什麼又扶植他？這原因還得當作生意問題來解釋，宋國還要翻和，必是厲公又答應給她賄賂了。

公前六七九年春，鄭厲公參加了齊桓公始霸的鄄之會。秋，宋伐郳國；鄭厲公便藉這機會對宋再反正，出兵侵宋。次年公前六七八年夏，宋、齊、衛伐鄭，正因爲他侵宋。冬天，齊桓公召集幽之會，魯、宋、陳、衛、鄭、許、滑、滕簽訂九國同盟，互不侵犯；鄭宋之間的傀儡戰才宣佈閉幕，計自公前七二〇年到六七八年，共爲四十二年（公前七〇一——六九七）。

五　齊國扶植的傀儡——衛公子朔

公前七二〇年，衛國「納」鄭公子滑，在鄭國國內扶植僞政權，這是春秋時代開宗明義的第一章。衛桓公幹了這事之後，被州吁弒死，子宣公立。宣公十九年卒，子惠公非法即位，惠公即公子朔。朔立三年，被右公子職和左公子洩所逐，「奔」赴齊國，時爲公前六九六年。職洩立黔牟。黔牟立十年，即公前六八七年，公子朔勾結齊國成功，由齊襄公、魯莊公、宋莊公、陳宣公和蔡哀侯武裝護送回國，復辟，衛國也就成爲齊魯等國所支配的僞國家。這事上距衛桓公扶植鄭公子滑爲三十三年，也算是「即以其人之道，還治其人之身」——一個歷史的諷刺了。

原來，衛宣公姦通庶母夷姜，生急子（史記作伋），立爲太子，命右公子職作太子的保護人。宣公爲急子訂婚齊國的宣姜，很是漂亮，便霸佔下來，生公子壽和公子朔；夷姜一氣自縊而死，他命左公子洩作公子壽的保護人。宣姜陰謀立公子朔爲太子，便在宣公耳旁構朔息子；宣公聽信了讒言，叫急子出使齊國，另派刺客候於莘地（今山東省莘縣），加以截殺。公子壽知道了這條毒計，告給急子，促他逃亡。但急子說：

「棄父之命，惡用子矣！有無父之國，則可矣。」（左傳桓十六年語）

公子壽遂把急子灌醉，化裝急子，偷起白旄（使節），前赴莘地，被刺客所殺。急子醒來，也便趕去，對刺客說：

「我之求也；此何罪？請殺我乎？」（同上引）

於是刺客又把急子殺死了：左右公子因此怨恨公子朔。在他即位第三年，左右公子實行作亂，逐朔「奔」齊；擁立黔牟。十年之後，公子朔被齊魯所「納」。當時二公子和黔牟必曾反抗，由春秋莊公六年「齊人來歸衛俘」六字，知之。

公子朔被「納」後，放黔牟於周，放寧跪於秦，殺左右公子，而後作了魯齊等國的多頭傀儡。衛國的國寶也就作爲賄賂，而被齊國得去（後歸魯）。從這年起，齊桓公被「納」得國，稱覇四十餘年，衛惠公即公子朔便隨着齊桓公南征北伐——衛國也就成爲齊國的工具了。

在這一「奔」「納」事件裏，周室從封建制度和道德立場是站在黔牟方面，反對「納」公子朔的。孔子和左傳作者的史觀也是如此，這由春秋莊公六年所載「王人子突救衛（按即黔牟）」一條，可以斷定。唐朝孔穎達春秋左傳疏上也說：「貴王人，所以責諸侯也。」孔子和左傳所以把這事件詳記在經傳上，也是反對「納」朔的。若是他們懂得這是僞國家的一篇臭史，更一定是表示反對的（公前六九六年——六八七年）。

六　陳國扶植的傀儡——蔡公子季　在衛惠公（朔）「奔」齊的第二年，公前六九五年，陳莊公也在扶植蔡國的公子季作爲傀儡。季就是獻舞，謚爲哀侯。

陳蔡是兩國小國，相距最近，近得陳國國君可以隨時到蔡國去打茶園。兩國累代通婚，但也累代不睦

：這也許意味着周（陳）夷（蔡）兩族文化上的矛盾。公前七〇七年，陳桓公卒，蔡國利用桓公病重的機會，殺死桓公太子免，扶植公子佗爲君；七〇六年又殺掉公子佗，扶植桓公公子躍；七〇〇年，蔡國又誘殺陳厲公：甲國直接殺死乙國之君，而且八年之中便發生三次，在古今歷史上眞是空前絕後的了（滅國不計）。陳國對於蔡國眞是仇深似海，當然要得當以報，於是陳莊公也利用蔡桓侯死而無子的機會，扶植了哀侯（公子季）。

哀侯（公子季）是桓侯之弟，何年「奔」陳，業已失考；但由他被陳所「納」，便可以斷定他必會「奔」陳。何以證明他係陳所「納」？因爲孔子在春秋上寫道：

「蔡季自陳歸於蔡。」（桓十八年，經）

穀梁傳稱：

「自陳，陳有奉焉耳。」

是說陳國「奉」他來歸。「奉」字用現代語翻譯過來也就是扶植，和「納」字同義。所以左傳杜預註稱：

「言歸，爲陳所納。」

左傳也記載道：

「蔡人召蔡季於陳。」（桓十八年語）

杜預註：

「季內得國人之望，外有諸侯之助……稱歸以明外納。」

便可以綜合判斷：公子季的歸立，是外有陳國的援兵，內得黨人的響應（春秋左傳之稱「人」，除「王人」外，均指一派，不指全民），並非舉國擁護，合法即位，這正是春秋時代司空見慣的傀儡劇——這是最典型的「因國」（姻國）了（公前六九五年）。

七　莒國扶植未成形的傀儡——齊公子小白（桓公）

在陳莊公「納」蔡哀侯的十年之後

，公前六八五年，莒國「納」小白為齊君，這就是春秋史上重要國君的齊桓公。同時魯莊公也「納」公子糾。這個事件很是複雜——牽涉到齊魯莒三國，對於春秋史，也有很大的影響。

原來，在公前六八七年七八月（所謂「瓜時」），齊襄公派連稱和管至父兩人駐防葵丘，命令上說着到明年這時便另行派人接防。但到了時候，襄公並沒有再派兵來；他們請求調防，也被襄公所拒絕了；於是他們就計劃叛變。

在這以前，襄公的族弟公子無知在僖公面前得寵，衣服禮秩都和襄公一模一樣。僖公卒，襄公立，便把無知貶為庶人，很是失意。連稱也許就是無知的一派，否則也必和無知早就發生聯絡，有所企圖，這大約是襄公不調他回防的基本原因。連稱的從妹原是宮庭的嬪妃，也在失寵，抑鬱不平。連稱便利用這點不平，派從妹作女間諜（左傳莊八年：「使間公」），偵查襄公的動靜，許她「捷，以汝為無知夫人。」就在公前六八六年十二月，襄公到貝丘去打獵。連稱便利用機會，弒死襄公，立無知為君；當然，那位春秋史上第一次露面的女間諜也就被立為無知夫人了。連稱和管至父也成為保駕的功臣。

但是，無知和連稱的政權並不是穩固的，因為齊國國內還有兩個實力派（公族）在醞釀第二次政變：這就是大夫雍廩和高傒。雍廩受過無知的虐待，在計劃勾結魯國，擁立公子糾。公子糾是襄公的嫡二弟，魯國的外甥，在無知篡位時「奔」到魯國。高傒也設想勾結莒國，擁立公子小白。公子小白也是襄公的異母弟，在襄公初立政令無常的時候，早就「奔」赴莒國去了。

在魯國方面，原也等候「納」公子糾。魯和齊雖然是累世通婚，却也是仇深似海。魯桓公娶齊襄公之妹文姜，文姜和襄公私通，襄公就曾因姦揑殺了桓公，桓公的兒子莊公當然計劃為父報仇。在桓公被殺前一年，齊國侵略魯國邊疆，還打過一仗。魯國和紀國（今山東省壽光縣）原是通婚同盟之國，而齊襄公曾經藉口「九世之仇」，滅亡了紀國。這些都是魯國在齊國扶植「友好政權」（傀儡）的緣因。

在莒國方面，也早在豢養着公子小白。莒國和齊國分據在泰山山脈南北，古代交通不便，原本沒有磨擦。但她和紀國國交很好，齊國滅紀以後，莒齊結鄰，唇亡齒寒，也在朝夕不保：所以她之預謀扶植「友好政權」，也不無自衛的理由。

齊國內部矛盾和國際糾紛構成了交叉點：於是雍廩在公前六八五年春殺死無知，並和魯莊公會於蔇（魯地）——迎立公子糾。高傒也派人赴莒去迎立小白。

魯莊公和雍廩會議完畢，便派兵護送公子糾返齊，一面派管仲沿泰山南麓去截斷莒齊大道，阻止小白的入國。管仲果然遭遇了小白，並且把他射倒車上；然後派人送信給公子糾，致行遲了六天，而小白却已經進入臨淄了。原來小白是在佯死。

小白入齊，非法即位，諡爲桓公。（春秋莊九年：「夏，公伐齊，納糾。齊小白入于齊。」傳：「當可納而不納，不受而後伐。」故知公子糾合法，小白不合法。）桓公馬上發兵拒魯；公子糾便失敗了。秋天，齊魯戰於乾時，魯兵大敗，莊公僅以身免。齊兵追入魯國，要求殺死公子糾，莊公迫不得已，只有照辦。

公前六八四年春，齊又伐魯，打出長勺會戰，齊兵敗陣。據史記年表，仍是「爲糾故」。二月，魯侵宋，宋遷都於宿。六月，齊師宋師次於郎，魯敗宋師，齊師亦還。冬，齊滅譚國。到公前六八一年，齊又伐魯；魯敗，莊公割地求和。從此以後，齊桓公稱霸四十餘年，魯國只好作了尾巴（參見本章一〇節）。

魯、莒兩國同時企圖在齊國扶植「友好政權」，却被莒國捷足先得，魯國失敗。而這一失敗便是四十餘年不得翻身，這就說明了春秋列國爲什麼儘着發生「奔」「納」事件，因爲「友好政權」之能否扶植成功，關繫一國的安危眞是太大了。

假使公子糾被「納」成功，春秋史上便不會寫着齊桓公這一頁；而管仲的成就如何？也就不可得而知了。

莒國終是小國，她扶立了齊桓公，並沒有收到秦國扶立晉文公的效果（公前六八五年）。

八　衛國扶植的傀儡——周王子頹

齊桓公被莒國誤當「友好政權」而扶植以後的十年上，公前六七五年，春秋時代諸侯「共主」的周朝，又發生了「奔」「納」事件（文字對宜曰而言）。

原來，周莊王嬖愛王姚，生了子頹，很是寵信，派蔿國（人名）作他的師傅。莊王薨，太子胡齊立爲僖王。僖王薨，太子閬立爲惠王。惠王奪取了蔿國的園圃，侵佔了邊伯的宮室，沒收了大夫子禽、祝跪和詹父的田地，停發了膳夫石速的俸祿，這些人都在失產失意，怨恨惠王。這以前，桓王（惠王的曾祖）也曾割取司寇蘇氏的十二邑給了鄭國，蘇氏也在記恨前仇：於是蔿國、邊伯、子禽、祝跪、詹父——所謂「五大夫」，會合石速，就在公前六七五年秋天，「因蘇氏」（左傳莊十九年語），奉王子頹，叛了惠王。

開始的時候，叛兵被惠王打敗；子頹和「五大夫」逃往蘇氏根據地的溫邑（今河南省溫縣）。惠王的兵追到溫邑，叛軍又敗：子頹、蘇氏和「五大夫」便出「奔」到衛國去。（衛國是殷裔，周之敵國）。

衛惠公（公子朔）記起十二年前周朝對自己的不客氣，而且到今天還在收容黔牟（參看本章五節），遂接受了叛黨子頹的請求，聯合南燕國的仲父，帥師伐周。這回惠王抵抗不住，只好出「奔」（應曰「遜」）到鄭國去。冬天，衛國和南燕國「納」入王子頹，立之爲王。——這是九十五年前申戎「納」宜臼以來的第二件大事。

第二年春天，鄭厲公「和王室，不克」（左傳莊二十年語），這是古代的「政治協商」失敗史。厲公便抓起燕仲父，帶着失敗的惠王回鄭，安頓在櫟邑。秋天，厲公和惠王進入鄔邑，襲入成周，取出寶器，原回鄭國。——這寶器以後沒有下文，按春秋成例判斷，必是作了賄賂，送給厲公了。

冬天，王子頹宴享五大夫，樂得發昏，把黃帝、堯、舜、禹、湯和周武王創造的歌舞音樂都演奏了一番。這也許是從來少見的大場面，因此鄭厲公和虢叔說：

「哀樂失時，殃咎必至。今王子頹歌舞不倦，樂禍也。奸王之位，禍孰大焉？臨禍忘憂，憂必及之。盍『納』王乎？」（左傳莊二十年語）

虢叔表示同意。

第三年春天，鄭、虢兩國會師於弭，同「納」惠王，殺了王子頹和「五大夫」一干奸黨。到公前六六七年，惠王命令齊桓公征討衛國，次年，桓公打敗衛軍，宣佈她扶立王子頹的罪狀，但卻接受衛懿公的賄賂，班師回齊。桓公受賄，當然是一件失德的事；而且「納」入王子頹是衛惠公的事，他已死去，與懿公全不相干，自然也無須「父債子還」。至於蘇氏，則於惠王復辟後逃回溫邑，率溫降狄，到公前六五〇年，狄人侵溫，周朝（時惠王已死，襄王初立）不救，也畢竟被狄所滅。燕仲父受到怎樣待遇？因爲史有闕文，不可再考了。

鄭、虢的「納」入惠王，卻並沒有扶植僞政權的意味，只由惠王賜鄭虎牢以東，賜虢酒泉，作爲賄賂，和齊桓公、晉文公「納」入襄王相同。至於衛、燕的「納」入王子頹，也只因爲報仇出氣，和扶植僞國的消極目的——報仇、索賂——相同。春秋時代「奔」「納」事件凡屬發生在周朝的，都只有消極目的，而沒有吞滅國家的積極目的：這是因爲封建制度還有它的道德力量所致。

子頹勾結燕衛，反叛中央，上繼宜臼，下啓叔帶，「奸王之位」，實是古代的奸黨，和汪精衛、毛澤東千古同揆。不過，他所勾結的不是異族（衛人雖是殷族，但統治者是周族）；從周朝的政制上看，諸侯只是一省或地方軍閥：這比起宜臼、叔帶、汪、毛四人來，還有令人原諒的地方（公前六七五——六七三）。

在王子頹「奔」「納」事件發生以前，公前六九四年，先已有過周桓王庶子克（儀）「奔」燕事件。克有寵，桓王囑諸周公黑肩。桓王卒，太子莊王立；周公欲弒莊王而立克。辛伯向莊王告密，並與王殺周公；克「奔」燕。此事有「奔」無「納」，所以不曾細寫。又：庶子克曾「奔」燕；子頹又由燕所「納」：燕和周室一定有不可解的深仇舊怨，可惜古代史上沒有可考的記載了。

這兩個事件不見於春秋；左傳和史記上卻有詳細的記載。有人疑惑這是左傳作者僞造的，據說左傳是晉國人作的歷史，爲了替晉文公開脫。其實這是不明白春秋書法而作的臆說。春秋係依魯史而改作的，不告（正式通知）之事，便不見於魯史，自然也不見於春秋。周朝凡遇「丟人」的事，都不正式通告諸侯。後來的王子朝之亂，因爲事情太大，不能不通告，所以才記在魯史，也就見於春秋了。

九　北戎扶植的傀儡——曹庶子赤　周奸王子頹之亂平後的第三年，公前六七〇年，春秋史上又發生了由異族扶植的偽政權。上距申戎「納」宜臼恰好爲一百年。這便是曹赤的偽政權。

曹莊公世子名羈，庶子名赤（史記年表作夷）。公前六七〇年，莊公卒，羈立；赤「奔」戎。同年冬，戎侵曹，「納」赤，立爲僖公；羈「奔」陳。（僖公的偽政權共爲九年）。

遍查春秋、三傳和史記，所載的這一事件的內容，雖然只有這一點點，但義意却極重大：因爲春秋是中華民族結成時代的初期，在那時期，異族來在中華民族裏扶植的第一個偽政權便是曹僖公（赤）。偽曹赤政權和偽叔帶政權（周），偽韓王信政權（西漢），偽盧芳政權（東漢），偽石敬塘政權（五代），偽劉崇政權（十國），偽張邦昌政權（宋），偽劉豫政權（宋）……偽毛澤東政權，統是遊牧在北方的異族所扶植的。曹赤的的確確是中華民族漢奸的始祖。穀梁傳：

「禮：諸侯無外歸之義。外歸，非正也。」

是說曹赤逐兄竊國，出自外力，不是正統，而係僭統。穀梁之傳，據稱是孔子的心傳，足見孔子早已痛斥過這個漢奸。宋儒自稱效法孔子，但通鑑却誤認偽「後晉」（石敬塘）爲正統，也眞讓孔子含怨於天上了（公前六七〇）。

一〇　齊國扶植的傀儡——魯公子申　曹僖公偽政權被戎國建立後十年，公前六六〇年，齊桓公在魯國扶植了公子申（僖公）的「友好政權」。

魯莊公扶植齊公子糾既告失敗（見本章七節），齊桓公日漸強大，莊公兵敗地割，只好追隨齊國，俯仰由人，他並且作了齊國的女婿——娶桓公姊妹哀姜和叔姜爲夫人。從「因國史」義意上說：晉國翻轉來成爲齊國的「友好政權」：受了齊國的控制。從此他鬱鬱不得志，到公前六六二年便死去了。

在魯莊公生前，先戀孟任，生公子般；更娶哀姜和叔姜，叔姜生公子開；又娶成風，生公子申。莊公卒後，他弟弟（公族）成季立公子般爲君。但不久便被另一族弟（公族）慶父所弒，扶立公子開，諡爲閔公。成季於是奉公子申「奔」陳。慶父原和哀姜私通，哀姜欲立慶父，慶父遂又弒閔公，並赴齊勾結，企圖自立；但齊桓公後來改變方針，因而失敗。

原來，齊桓公在閔公即位的元年，公前六六一年，曾和閔公會於落始（齊地），便決定支持閔公的政權，並允許了他的要求，把政權交給成季，對付慶父。慶父起從扶立閔公後，便反閔公，反成季，一直在搗亂着。落始會後，桓公派仲孫湫——古代的馬歇爾——來魯，考察魯國君臣磨擦的內幕。仲孫湫的報告上說：「不去慶父，魯難未已」，並建議了具體的「寧難政策」（詳見本書十章及拙作「仲孫湫」）。到了閔公二年，公前六六○年，慶父便弒了閔公。

閔公被弒之後，齊桓公根據仲孫湫計劃，派大將高傒（即當年迎立桓公的人）率兵入魯，殺慶父，殺哀姜，從陳國迎回公子申和成季，扶植了公子申，稱爲僖公，把魯國的大政交付成季，然後結成「齊魯同盟（公前六六○）。

一一　宋國扶植的傀儡——齊太子昭

公前六八五年，齊公子小白從莒所「納」，稱爲桓公，在春秋時代稱霸四十一年。公前六四三年，桓公卒，齊國「內亂」，又發生「奔」「納」事件：就是公子昭「奔」宋；宋襄公「納」公子昭。

原來齊桓公是個色鬼，有三位夫人，是周、徐、蔡三國的公主，都沒有生子。另有六位「如夫人」：長衛姬生公子無虧（即武孟），少衛姬生公子元（後來的惠公），鄭姬生公子昭（後來的孝公），葛姬生公子潘（後來的昭公），密姬生公子商人（後來的懿公），宋華子生公子雍。桓公立公子昭爲太子，并和管仲把太子昭交付宋襄公，請他作保護人。但長衛姬欲立己子無虧爲太子，買通桓公的倖臣易牙，用美味實行運動，桓公便又答應了立公子無虧；却沒有正式易儲命令。這因爲無虧在五子之中歲數爲大，是大阿哥；而公子昭却已立妥，一時不便更改。

公前六四三年，桓公卒。這時公子昭是成文法的太子，公子無虧是不成文法的太子。易牙根據這點理由，「因內寵」（史記齊世家語），殺羣吏，擁立公子無虧爲君；太子昭出「奔」宋。這糾紛鬧了兩個月，桓公停屍在床，不能入殮，蛆虫都爬出窗戶外面來，一代英雄，末路如此，也算很可憐的了。

次年春天，宋襄公率領曹、衞、鄒三國之兵，護送太子昭返國。魯國是擁護公子無虧的，出兵來援，和宋、衞、曹兵交戰。三月，齊國國內潛伏的太子派殺死無虧，以討好宋襄公，響應太子昭。這時，曹衞兵已先行回去；魯兵也疲罷而歸。四公子——元、潘、商人和雍又勾結狄國，和宋兵作戰。五月，宋兵大勝，四公子和另外三公子「奔」赴楚國，後來都任爲楚大夫。宋襄公扶立了太子昭，諡爲孝公。

這時，宋襄公正在圖霸（內面的企圖是復興殷國）。他扶植齊太子昭，雖是接受齊桓公的囑託，但也爲得建立「友好政權」——控制齊國，作圖霸的本錢。

到六三七年春，孝公乘宋襄公去年敗傷於泓，才對宋反正，率兵伐宋（公前六四三——六四二）。

一二　楚國扶植的傀儡——齊公子雍　公前六四二年，宋襄公把齊孝公的「友好政權」扶植成功以後（見本章前節），自已以爲國勢强盛，可以替代齊國主盟諸侯，幷實現「反周復殷」的大業，遂於次年，六四一年春，抓起不服從他的滕國國君嬰齊，向諸侯示威，夏，又召集曹、鄒兩國，盟於曹南，把赴會稍遲的鄫國國君作了「人犧」，秋，討伐不「友好」的曹國。第三年，六三九年春，他召集齊、楚兩國，盟于鹿上；秋，又召集楚、陳、蔡、鄭、許、曹等國，會議於盂。就在會議席上，他被楚成王抓了起來，楚兵接着伐宋。冬，魯僖公出來調停，會於薄（今安徽省亳縣），楚國釋放了他，這虧已經算吃得很不小了。第四年，六三八年夏，他還是帶領衞、許、滕三國的兵去伐鄭；楚來救鄭，到冬天，在泓水岸上（今河南省柘城縣），被楚國打個慘敗，他也受了傷；第五年，六三七年夏，他因傷致死，宋國的霸業就算草草散場了。——而他未死之前，又看到親手扶植的齊孝公的反正，這位心雄識短的老人也當死不瞑目罷？

齊孝公在公前六四二年至六三九年——四年之間，倒是服從宋襄公的指揮，乖乖地親宋；但也一面聯合狄國，一面勾結楚國，（這倒是宋襄公召集鹿上之盟，替他鋪平的道路），準備着對宋反正。到了公前六三七年，楚國已經打敗宋國，孝公便利用機會，實行伐宋。公前六三四年，他又於春夏兩次侵魯，一面是爲反對魯、衞同盟和魯、莒同盟，一面也爲報復當年魯僖公扶植公子無虧和他爭國的舊怨。

卻說魯僖公在援助齊國公子無虧——企圖扶植「友好政權」失敗之後，得罪了齊孝公，便和楚國拉攏，於公前六四一年（齊孝公二年）參加陳、楚、鄭、蔡同盟於齊（齊孝公也參加？），又組成魯、衞同盟和魯、莒同盟（莒爲齊之敵國），以謀對付齊國。到公前六三四年，齊來侵魯，魯僖公「一面抵抗，一面交涉」，并派大夫公子遂和臧文仲求援於楚。秋天，楚兵也就來到，歸僖公全權指揮。

原來，在齊國內亂平靖後，四公子和另外三公子都「奔」赴楚國，公子雍和嬖人易牙也在其中。十年以來，他們無時不在勾結楚國，企圖返國和孝公爭奪王座：所以在楚兵援魯北上之際，也就帶着公子雍和易牙前往。魯、楚聯軍打退齊兵，侵入穀邑（今山東省東阿縣），便交給公子雍和易牙，建立了僞「人民政府」，親魯，親楚，反叛中央。這個傀儡，不得齊國「人民」的擁戴，無拳無勇，只好由楚將申公叔侯率兵支持。從公前六三四年一直鬧到六三二年——一共三年。那時城濮會戰正在醞釀階段，楚成王對晉文公採取守勢，調回申公叔侯，這個僞組織也跟着垮了臺（公前六三四——六三二）。

一三　晉國扶植的傀儡——衞大夫元咺　從公前七七三年（周宜臼「奔」申）到六四三年（齊太子昭「奔」宋）一百三十年裡，「奔」「納」的主體都是國君、太子、世子、公子，即王族和公族階級。但從公元前六三二年，衞元咺「奔」「納」事件發生以後，大夫階級成爲主體的紀錄破寫出來了，這表示各國的實權漸漸由王族公族下移到大夫手裡去了。

元咺是衛國的大夫，在公族裡行輩較低——不能作君位的候補人；但他掌握着國家政權，可以左右國君。他柄政的時代，衛君是成公。那時，晉文公重耳已被秦穆公「納」入多年，稱爲霸主，并半自主地半受秦國的嗾使，向南方發展，和楚國爭衡。衛國介於晉、楚之間，便成爲兩國爭取「人民解放政權」的對象。成公是楚王的女婿，當然親楚（作楚國的「因國」）。楚國在公前六三二年侵宋，晉文公擬假道衛國，前來援宋；被成公擋了駕，晉兵只好繞道衛國東部境外入宋。文公又向衛國徵師，也被成公所拒絕了：於是，晉文公伐衛，佔領了五鹿（今河北省濮陽縣）和斂盂等地。晉、齊并在斂盂會盟。這是因爲不把衛國控制在手，她便是楚國的「衛星國」，晉文公沒辦法來打擊楚國的。

在晉、衛衝突過程裡，衛國政府發生了矛盾：成公親楚；元咺親晉。成公阻擋晉兵假道；元咺表示反對。成公拒絕晉國徵師；元咺也不贊成。在晉、齊會盟時，成公似乎內被元咺所迫，一度請盟；又碰了晉、齊的釘子。——晉、齊拒衛加盟，正是支持元咺，推倒成公，迫衛親晉的策略。結果，元咺便攻逐成公，「以說於晉」（史記）；成公出亡襄牛（衛近楚之地）：元咺的親晉政權（赤色帝國的所謂「友好政權」）便出現了。

晉文公扶植了這「友好政權」——元咺，趕跑成公；楚國也來援救她的「友好政權」——成公，打擊元咺：於是晉、齊、宋、秦和楚國打出了春秋時有名的城濮會戰，（當然還有其他原因，今不贅）。晉國就在這「友好政權」的國土上，打敗了楚軍。元咺當日的態度會是將來第三次大戰時毛逆澤東的態度。城濮會戰後，成公「奔」楚，但還要命令元咺，奉叔武受盟於晉，這也不過是承認元咺製造的既成事實而已。元咺却也沒有「帝制自爲」的本心，認眞地擁戴叔武，入守國都。這時有人告訴成公說：「元咺立叔武爲衛君了」！元咺的兒子元角，原從成公「奔」楚，成公一怒，便殺死元角。

同年六月，因爲楚國大敗，衛國（元咺）親晉，晉文公便允許成公復位。（這也許是晉文公的策略，要抓起衛成公。）在楚國方面也暗中支援成公返國（穀梁傳：「楚有奉焉耳」。）成公回國時，公子歂犬和華仲作了前驅。當時叔武正在洗頭，據報成公來到，他喜不自勝，捉髮出迎；但卻被前驅射死了。成公知道枉殺了好人，伏屍大哭一番而罷。

這年冬天，晉文公在溫邑召集齊、秦、魯、宋、鄭、陳、蔡、莒、邾等國開會，把周天子（襄王）也召了來，叫諸侯去朝見他：并商議「討不服」（左傳僖廿八年語，指衛成公而言）。元咺原已在六月「奔」來晉國，趕到會場，向周天子來控訴成公，晉文公便利用元咺的訴狀，叫周朝最高法院判決成公敗訴。晉文公殺了衛臣士榮，砍去衛臣鍼莊子的腳，說是由他們替代成公受刑，并派人赴衛，把成公抓回京師，押入深宮。！——元咺便在晉國這樣支持之下，重回衛國，擁立公子瑕為君，而自握政權。這政權當然更是晉國扶植的「內閣」了。

元咺的親晉政權存在了三年，到了公前六三〇年，晉文公又令周國最高法院的法醫名衍的人，酖殺成公；但醫衍受賄，減輕了毒藥的分量，成公方得幸免。魯僖公又替他在周襄王和晉文公跟前行賄，都送」十瑴玉，秋天才得被釋出獄。

成公恢復自由之後，派人賄賂元咺的反對黨周歂和冶廑，說：「苟能『納』我，吾使爾為卿。」這兩人便殺死元咺和公子瑕，成公復辟。

此後，直到成公逝世二十餘年，衛國始終親晉（公前六三二）。

一四　晉國扶植的傀儡——鄭公子蘭　　晉文公被「納」得國，自身很有經驗。他在扶植元咺的偽「人民政府」後的第三年，公前六三〇年，又在鄭國表演一番：這便是鄭公子蘭「奔」「納」事件了。

鄭公子蘭是文公的兒子。文公有三位太太，和五位公子，早都犯了他的「法」而被他殺死了。公前六三九年（？），他又對公子濮大發脾氣，并下令盡逐羣公子。這位老王大概是「他虐狂」患者罷？單表公子蘭就在那時「奔」赴晉國去了。

鄭文公在城濮會戰之前早已投降了楚國。會戰當時，他又親自赴楚，并派兵參戰。楚國敗後，晉兵伐鄭，他派人用國實行成，才和晉文公盟於衡雍。會戰以後的踐土會盟和溫邑會盟，他也都來出席。但晉文公仍是不諒解他，一個理由自然是他曾親楚；一個理由也實是晉文公想報復當年過鄭不被他理睬的恥辱；而主要理由是想扶植「友好政權」：於是晉文公在公前六三一年（城濮會戰後一年），召集周朝代表、魯僖公和宋、齊、陳、秦等國代表，會於翟泉，討論伐鄭。次年春，晉兵侵鄭，試驗「可攻與否」（左傳僖三十年評）。九月，晉、秦聯軍便由文公、穆公親自率領，打入了鄭國。

晉文公臨出兵時，便帶着鄭公子蘭同行，決心殺掉鄭文公，「納」入公子蘭，使他成爲傀儡：所以晉兵打到氾邑的時候，便對鄭國說：「欲入蘭以爲太子」（史記鄭世家）。

在公子蘭方面，據史記鄭世家：

「子蘭『奔』晉，從晉文公圍鄭時，蘭事晉公文甚謹。愛幸之。乃私於晉，以求入鄭爲太子。」

可見公子蘭是一個很會勾結敵國的人。他的技巧也很高，據左傳載：

「從於晉侯伐鄭，請無與圍鄭；許之，使待命於東。」（僖三十年）

這說明他「養漢拋清」，眞是聰明絕頂。現代傀儡汪精衞就不懂這個技巧；毛澤東比公子蘭也差得很遠。鄭文公對於晉秦來侵感到國危，一面請出老臣燭之武，乘夜縋城去遊說秦穆公；一面派大夫石甲父、侯宣多求和於晉，接受了立子蘭爲太子的無理要求。晉文公達到了扶植傀儡的目的。正好這時秦穆公也被燭之武說服，私與鄭國結盟，背晉退兵。秦兵去後，晉兵也就只好走了。

公前六二八年，鄭文公卒，爲太子蘭即位，諡稱穆公。他即位之始，公前六二七年冬，晉國便帶着這個傀儡的兵和陳兵，討伐親楚的許國，公前六二五年冬，晉國伐秦，這個傀儡又派他的僞軍由公子歸生率領去參戰。他一直替晉國作了二十年尾巴，到公前六〇八年才對晉反正，重行和楚國同盟。

在這個「奔」「納」事件裡穿揷着一樁標準的古代的戰術的第五縱隊戰——

原來，秦穆公接受燭之武的意見，背晉班師以後，曾留下三員大將——杞子、逢孫和楊孫，幫同戍守鄭都。他們在鄭國住了四年，到了公前六二七年冬，杞子派人密報秦穆公說：

「鄭人使我掌其北門之管（鑰）。若潛師以來，國可得也。」（左傳僖三十二年語）

這和史記秦本紀：

「鄭人有賣鄭於秦，曰：『我主其城門，鄭可襲也。』……」

又鄭世家：

「鄭司城繒賀以鄭情賣之。」

云云是一個史實。說明着杞子收買了鄭國的京城衛戍司令（司城）繒賀，出賣城門。他們預計秦兵一到，繒賀開城；杞子等便領兵衝出，裏應外合——這正是一套第五縱隊的戰術。

第二年春，秦兵襲鄭，由孟明視、西乞術、白乙丙三將率領，經過晉國和周朝，進入滑國的國境（今河南省偃師縣）。恰巧鄭國商人弦高趕着十二條牛，打算到周國去賣，和秦兵走個碰頭。弦高被愛國心所驅使，一面冒充代表，自動地用牛犒勞了秦兵，詐稱：「聞大國將誅鄭，鄭君謹修守禦備，使臣以牛十二勞軍士」（史記秦本紀）；一面派同伙奚施星夜回國報信。

鄭穆公得到報告，派人偵查秦國大使館，果然已經「東載厲兵秣馬」——秘密動員起來。穆公便下了逐客令；杞子等也就逃走了。孟明視等會議一下，「鄭有備矣；吾其還也」（秦本紀），順便滅了滑國。回經晉國的殽地（今河南省陝縣），被晉兵殺得全軍覆沒，三將被俘（公前六三〇）。

一五　楚國扶植未成的傀儡——鄭公子瑕

在上節，記述了鄭文公大發脾氣，殺逐公子，公子蘭奔晉。——後被「納」入，立爲穆公，對楚反正，實行親晉。——公子瑕也就同時「奔」到楚國去了。這是公前六三九年的事。公子瑕大約就是公子濈，二字形近，許是史記上寫錯了（史記作濈）。他必定是鄭文公的芊夫人所生，芊夫人是楚王之女，他當然是楚甥。

鄭穆公（子蘭）背楚親晉以後，公前六二七年冬，奉晉襄公命，率陳伐許，問「貳楚」之罪（許在晉楚之間中立）。楚先派令尹子上伐陳蔡，陳蔡請和；然後伐鄭，圍了桔柣之門，準備「納」入公子瑕。事有不巧：這位準傀儡——公子瑕「覆於周氏之汪」（左傳僖三十三年語。杜預註：「車傾，覆池水中」），被鄭國外僕髡屯擒住，献給穆公，早是死了。文公夫人（他的母親？）把他葬在鄶城之下。楚子上平白死掉一椿「奇貨」，也就引兵而去。由這段史實上，我們看出春秋人對於偽國家是何等重視：失掉傀儡，立即退兵（公前六三九——六二七）。

一六　一個可憐的準傀儡——邾捷菑　邾國在今山東省鄒縣，是魯南莒西宋東的一個小國。邾文公在位時，娶齊女為元妃，生貜且；又娶晉女生捷菑。公前六一四年，文公卒，貜且立，諡為定公；捷菑「奔」晉。春秋時代，一公子立，另一公子或多數公子出「奔」，都是「畫中暗表」發生了內亂。這次邾國的內亂，並且「暗表」着齊國的「因國」——貜且的勝利。

捷菑到晉，晉國當然要「納」入他：於是在新城召集魯、宋、陳、衛、鄭、許、曹等國，議決武裝扶植捷菑。——這是夏天的事。

秋天，晉獨裁者趙盾（從左傳；公羊作郤缺，穀梁作郤克）挾帶着準傀儡捷菑，率領着八國聯軍共八百乘（六萬人），迢迢千里，浩浩蕩蕩，殺奔邾國而來。但邾人却對他說：

「齊出，貜且長！」（左傳文十四年語）

這所說「齊出」，是用齊國的勢力壓倒晉國；說「長」，是表示合法。趙盾說：

「辭順，而弗從，不祥。」（同上引）

便虎頭蛇尾而退。按：晉國用偌大的力量扶植捷菑，事先也不會不考慮到法統問題。何以為了輕輕的「辭順」兩字，便烟消雲散？這裡邊一定「暗表」着不少的問題，故不能不作罷：「齊出」是其一；邾為「千乘之國」（見穀梁傳）是其二（公前六一三）。

一七　一個可憐的莒奸——莒太子僕　本章十五節「是納」而失敗；十六節是「納」而中止，

；這一節是「弃」而不「納」（「出」）。

莒紀公（庶其）生太子僕，又生公子季佗，愛季佗，把太子貶爲庶人。他又多行不義，無禮於國，失去人心。公前六〇九年冬，廢太子僕「因國人以弒紀公」（左傳文十八年語），携帶寶玉，「弃」赴魯國，獻給宣公。（時魯文公已卒，襄仲弒嫡子，立庶子倭爲宣公。）

於是宣公條諭季文子說：

「夫莒太子不憚以吾故殺其君，而以其寶來：其愛我甚矣！——爲我予之邑。今日必授，無逆命矣。」（國語）

季文子却派司寇把莒僕立即驅逐出境。

這一段史實很有意思。魯和莒向來就是敵國（莒在魯東方）：魯隱公二年，公前七二一年，莒人入向，（此從穀梁「向，我——魯——邑也」。）僖公元年，公前六五九年，和莒國打過仗，魯國扶植齊孝公時，又作過戰，僖公二十四和二十五年，又發生磨擦，次年一度同盟於洮，這都在宣公以前。（宣公立，四年，公前六〇五年，伐莒。襄公八年，公前五六五年，莒伐魯，十年再伐魯，十二年更伐魯，十五年還是伐魯。至二十年始和解。昭公元年，公前五四一年，魯伐莒，取鄆，四年，取鄫，十年又伐莒，取郠。——這都在宣公以後。）可見莒魯兩國是勢不並立的。莒僕弒君，據上引國語「以吾故，殺其君」的話看來，他正是魯國求之不得的莒奸，大可以「納」之入國，使爲傀儡，藉以改善兩國的關係。魯宣公下令授以城邑，按春秋成例推斷，正是準備將來好好利用他。何以季文子會「逆命」逐出他去？宣公却也未十分深究？這理由絕不如左傳所載季文子那一篇大道理「掩賊」「竊賄」云云（參見文十八年）；實在因爲季文子已是當時的權臣（有力公族），宣公不敢得罪於他，看上引條諭裡「無逆命矣」四字，便知道他一定常常「逆命」的。大約莒僕只把賄賂（寶玉）送給宣公，季文子心中不悅，才一怒逐出這個不識時務不結權貴的莒奸。這在眼前便有許多例證：漢奸鄭孝胥不肯賄賂武藤，便欲續作僞總理而不得；漢奸吳鶴齡得罪了關東軍，便倒了楣；王奸克敏也是如此；李奸立三、陳奸紹禹都幹不過毛奸澤東，正因為毛澤東可以用四個頭的大飛機不斷地向赤色權臣運送白面（鴉片精）和地毯（這都是抗戰時代的事）。千古漢奸命運一致：會行賄賂，便可作奸；不會行賄，便連漢奸也當不成的（公前六〇九）。

一八　曹國扶植的宋奸——武族和穆族

春秋時代各國政治都由公族（同姓貴族）的勢力支配着（晉則為士族——異姓貴族），君位之爭，篡弒之禍，結成為「奔」「納」事件，其中都暗示着公族（或士族）勢力的消長。上面敘述的十七個事件，歷史上雖然都把國君、太子、世子、公子作為主體，其實支配他們的人差不多都是公族（或士族）。公族裡族派分歧，爭奪政權，遂反映出篡弒出「奔」等事件。以宋國為例，公前七〇一年，太宰華督殺死殤公和孔父嘉，迎立公子馮（詳見本章二節），便是由於華氏孔氏兩公族之爭而反映出來的：因為華氏出於戴公，孔氏則出於湣公，孔氏族老，華氏為後起，華氏反抗老孔氏，乃發生了這個事件。其他各國殆無例外。公前六一一年以後，宋國又發生了「奔」「納」事件，也是公族磨擦的結果。

宋昭公於公前六一九年即位，六卿之中，戴族佔其二，桓族佔其三，莊族佔其一，結黨專權，飛揚跋扈。他計劃盡去羣公子，曾引起了內亂。（這是真正「內亂」。）到公前六一一年，到底由於公族間的矛盾，他被犧牲（弒）了；武氏、穆氏兩族也被打下擂台。庶弟公子鮑在戴族、莊族、桓族的擁護之下，即位為文公。公前六〇九年，武、穆兩族奉昭公之子作亂，要弒文公和逐出戴、莊、桓三族；文公又在戴、莊、桓三族擁護之下，殺昭公之子，盡逐武、穆兩族，兩族就投「奔」曹國而去。

公前六〇六年夏，武、穆兩族在曹國扶植之下，攻入宋國。秋，宋伐曹，報武族之亂。

宋和曹向為敵國，公前六四五年，宋人伐曹，左傳僖十五年稱這是「討舊怨也」，可以為證。這次武、穆兩族的「奔」曹，大概因為曹親魯（？），而宋、魯又在磨擦所致。按：魯和宋的關係，向來是不「友好」的：最早是公前七二〇——七一〇年，魯曹伐宋，其次如公前六一九年，魯文公曾收容宋司城，公前六一三年，文公又收留宋子哀，收容逃人，便是敵對的表現。雖然公前六一三年，魯、宋、曹、衛、鄭、許、晉等國會同盟拒楚，但關係仍必不佳。

這以前，在敵國內扶植偽政權，都是扶植其國君、太子、世子和公子；到晉國扶植元咺，變為大夫，這次曹國扶植的偽「解放區」却也是宋之公族大夫。——時代越往後來，偽政權在其國內的身份越低了；但也表示大夫和公族在政治上的比重是越來越大了（公前六〇九——六〇六）。

一九　楚國扶植的陳奸——孔寧儀、行父

公前五九九年，陳靈公和孔寧儀、行父兩人——他們君臣三人同是夏姬的情人——在夏姬屋裏飲酒。靈公對行父說：「徵舒似汝」；對曰：「亦似君」。徵舒是夏姬的兒子，那時已官至卿士，被他母親的嫖客調侃為私生子，他當然惱了：便射死靈公，自握政權。孔寧儀和行父也就出「奔」到楚國去了。

陳國原是親楚的，到靈公時代，早已加入中原各國的反楚同盟：所以楚國便利用孔寧儀和行父，作為攻陳的引線：他們為了報復夏徵舒，也就顧不得作奸叛國的大不韙了。

公前五九八年冬，楚莊王率諸侯伐陳，殺夏徵舒，立成公為親楚政權，以孔寧儀和行父佐之。但，不久便宣布「合併」陳國（此事二千五百年後，又見於日之併韓和蘇俄合併唐努烏梁海），改為楚國的一縣，成公奔晉。楚臣申叔時諫諍道：

「夏徵舒弒其君，其罪大矣。討而戮之，君之義也。今縣陳，貪其富也。以討，召諸侯；而貪以歸之：無乃不可乎？」（左傳宣十一年語）

莊王採納他的意見，「乃復封陳」（左傳語），成公回陳，仍作楚傀儡。但楚莊王在陳國每鄉徵召一人，携之回國，謂之「夏州」。

成公和孔寧儀、行父的偽陳政權成立二十九年之後，公前五七〇年，始對楚反正，和楚國抗戰二年，又被楚打服，仍然親楚（公前五九九——五九八）。

二〇　晉國扶植的傀儡——衞孫林父

公前五八四年冬，衞定公和孫林父發生磨擦。孫林父本是公族，他的采邑名戚；於是他就在戚城宣布了「獨立」，實行親晉，並掛了晉國國旗。春秋上記載着「衞孫林父出『奔』晉」（成七年語），看來似乎和其他的出「奔」事件相同；其實這是據邑叛變，而且投敵，更有重大意義。——按：在孫林父以前，公前六九三年，紀國的公族季曾，帶着酅邑投齊，紀國和齊國絕交；次年，紀侯被齊所迫，率領人民逃出國境，終告亡國。這經驗，一定是衞定公很重視的。又按：在孫林父以後，公前五五二年，邾國的庶其帶着漆和閭邱兩邑「奔」魯，公前五三七年，莒國的牟夷帶着牟婁和防茲兩邑「奔」魯，公前五一〇年，邾國的黑肱也帶濫邑「奔」魯：這也都是以國土投敵，和民元的外蒙、西藏，民十以後的外蒙，民二十一年以後的「滿洲」、新疆（盛世才）、瑞金（毛澤東）……相同，比「友好政權」更爲無恥，更爲賣國。

孫林父擁地降晉以後，衞定公馬上去「朝」晉景公（把晉君當作天子看待），交涉的結果，晉國算是裁撤了僞組織，歸還了戚邑；孫林父却還被豢養在晉國。

八年以後，公前五七七年春，定公又去「朝」晉。晉厲公强迫他接見孫林父；定公不可。夏天，厲公又派郤犨送孫林父回衞，引見定公；定公仍廻避不見。夫人定姜說：

「不可！是先君宗卿之嗣也；大國又以爲請；不許，將亡。雖惡之，不尤愈於亡乎？君其忍之！安民而宥宗卿，不亦可乎？」（左傳成十四年語）

孫林父是毛澤東，厲公是杜魯門，郤犨是馬歇爾，定姜也是邵力子。衞定公只好答應「政治協商」而「統編」了孫林父，又把戚邑給了他。

就在這年，定公死去，遺命立衎爲獻公。定姜對獻公不滿，她說：

「是夫也，將不唯衞國之敗，其必始於未亡人！嗚呼！天禍衞國也夫！」（左傳成十四年語）

左傳記定姜的理由只是獻公哭定公不哀；恐怕不見得是這樣簡單；她是曉得獻公一定和孫林父相處不來的

。果然，閭朝大夫對獻公無不聳懼，孫林父不敢舍其重器於衛，完全搬回他的「解放區」戚城去；並且盡力勾結晉國的大夫，專攬衛國的政權：以後凡晉國會盟諸侯，多在戚城，均由孫林父代表參加。他已經成爲衛國的「二君」。

他獨裁而且割據了十八年，到了公前五五九年，獻公請他和寧惠子吃飯。他們穿好朝服，前去赴宴；但直到過午也沒有開席的消息，原來獻公正在園中射雁。他們到園裏去看，獻公不脫獵服，和他們談話；他們便生氣走了。

孫林父回到他的僞「解放區」，派兒子孫蒯去偵查獻公的動態。獻公請孫蒯吃酒，派樂隊奏起「巧言」詩的最後一首：

「彼何人斯？
在河之麋！
無拳無勇，
職是亂堦！」

孫林父據報，知道獻公恨他了，不先下手便要被殺，於是把妻孥也接回戚邑。

獻公本來沒有殺掉孫林父的魄力和力量，只不過心中憤恨，不知不覺地表現在態度和音樂上來而已。所以趕緊派遣子蟜、子伯、子皮，打算和孫林父在丘宮結盟，表示「和平」。但孫林父卻開刀了：殺了這三位代表；一面開始「總攻擊令」。到了四月，獻公之弟子展先逃往齊國，獻公也不得不離開國都，前往鄄邑，再派子行去商量孫林父，又被殺掉；獻公只有逃（從春秋例應曰「遜」）赴齊國，齊人把郲邑借他寄居，組織「流亡政府」。孫林父追殺獻公，沒有趕上，便扶立公孫剽（史記年表作秉，獻公弟）爲君，諡爲殤公，表示「聽命」於晉。從此衛國的合法中央，便被孫林父所打倒。

晉悼公和中行獻子討論對衛政策。獻子說：

「不如因而定之。衛有君，伐之，未可以得志，而勤諸侯……史佚有言曰：『因重而撫之』，仲虺有言曰：『亡者侮之，亂者取之，推亡固存，國之道也。』君其定衛以待時乎？」（左傳襄十四年）孫林父根本就是衛奸（等於毛澤東），他的竄政權也是晉國的「友好政權」（等於「人民共和國」），多年以來，就被晉國所支撐；現在獻子又發揮了一套承認「偽國家的理論」：於是晉悼公便會合諸侯於戚，承認了這奸黨的偽政權。這個偽政權對於「父皇帝」的晉國備極馴服，隨之盟，隨之戰，無役不從。

偽衛國存在了十二年之後，已到了公前五四八年。這些年裏，衛獻公流亡齊國，當然也在交結齊國，醞釀光復，打倒奸黨。同時晉齊不斷戰爭（參看本書第六章：欒盈和蒯聵），晉平公不願意衛獻公成為齊國的工具，使把獻公從齊國接回，命令殤公和孫林父劃出夷儀一城，寄頓獻公。這時，寧惡子已死，死前悔恨不該逐君，遺命兒子寧喜迎立獻公。獻公也策反寧喜，許以「苟返，政由寧氏，祭則寡人」。寧氏和孫氏是衛國的兩大公族，獻公的策略是利用這一公族（寧氏）打倒另一公族（孫氏）——這倒是應用「辯證法」了。

次年，公前五四七年二月，寧喜攻孫林父，孫林父又帶戚投「奔」晉國（即又掛上鐮刀斧頭旗）。寧喜弒死殤公和偽太子角，第四天後迎獻公返國，並繼續攻打戚邑。

晉國對於孫林父「友好政權」的傾覆，當然要用全力支持：便實行派兵戍守茅氏（戚邑東），武裝掩護戚邑，幫助孫林父救國；但被衛國所借的齊勇將殖綽，打死了晉兵三百人。孫林父想獻公於晉，平公為他召集諸侯，討伐獻公。六月，晉、魯、宋、鄭、曹等國，盟於澶淵，討衛，疆戚田，割衛西鄙氏田六十井給了孫林父；並逮捕寧喜、北宮遺和女齊（司馬侯）；獻公朝晉，也被平公囚了起來。直到秋天，齊景公和鄭簡公赴晉，專事為獻公求情，用「為臣執君」（左傳襄二十六年語）的道理說服」平公，又把衛國的美人送上，獻公才被釋回國。

從此以後，獻公也成為晉國的「友好政權」，和老「友好政權」——孫林父分據衛國。晉國操縱着這個傀儡國家凡五十餘年，直到衛出公才和晉翻臉；晉國便再扶植一個蒯聵，打倒出公（參看本書第六章：欒盈和蒯聵）。

晉國先「納」元咺立瑕（見本章十三節），迫使成公終身親晉；繼「納」孫林父立剽，逼令獻公、襄公拒楚；第三次是「納」入蒯聵；直到悼公、敬公都附庸於趙（晉之後身），如同「小侯」（史記語），眞是極盡扶植「友好政權」的能事了（公前五八四——五四七）。

二一　楚國扶植的傀儡——宋魚石　晉楚城濮會戰的公前六三二年，楚國扶植齊公子雍僞「解放區」宣告失敗（見本章十二節），而晉國却把衛元咺的僞政權建立成功（見本章十三節）。城濮會戰以後，楚國又打出春秋有名的邲會戰（公前五九七年）和鄢陵會戰（公前五七五年）。這期間，楚國又製造了鄭公子瑕（見本章十五節）和孔寧儀（見本章十九節）兩個僞組織，並準備了宋魚石一個僞政權，「以夏制夏（晉）」；晉國也導演了鄭公子蘭（見本章十四節）和衛孫林父（見本章二十節）兩幕傀儡劇，「聯夏攘蠻（楚）」。帝國主義的鬥爭，只苦了夾在當中的弱國。

單表宋國的魚石事件。原來，到了公前五七六年六月，宋共公卒。他的內閣（九卿）名單本來如下：

右師　華　元（戴族）
左師　魚　石（桓族）
司馬　蕩　澤（桓族）
司徒　華　喜（戴族）
司城　公孫師（莊族）
大司寇　向為人（桓族）
少司寇　鱗　朱（桓族）
太宰　向　帶（桓族）

少宰魚府（桓族）

宋國向來是三族共同執政（本章十八節），這時九個閣員之中，桓族便佔了六席；戴族當然不平。戴桓兩族的暗鬥大概已經很久。現在共公已死，公子肥就要依法即位，他是反對桓族的，即位之後，一定要變更內閣，引用戴族：於是桓族的蕩澤殺死他，而且要殺華元，華元便出「奔」晉國，是想去借晉兵，討伐桓族。

華元取得晉國的外援以後（此採穀梁說；若據左傳，則華元至河而返，尚未到晉），便回到宋都，派華喜（戴族）和公孫師（莊族）攻殺了蕩澤；立共公少子成為宋君，諡為平公。魚石、向為人、鱗朱、向帶和魚府也就逃「奔」楚國去了。內閣變成了戴族內閣，用好好先生向戌備位閣中，存桓族之祀。

次年，公前五七五年，晉楚便打了鄢陵會戰，楚鄭大敗。到了公前五七三年六月，楚鄭兩國伐宋，鄭兵由北路打到宋都的曹門，佔領了朝郟；楚兵由南路侵入了城郜，拿下了幽丘；然後會師攻佔了宋國的彭城，建立了偽「人民共和國」，以魚石為傀儡，以彭城為偽都，楚共王派了三百輛兵車替這偽組織保鏢。

七月，宋老佐和華喜圍攻偽都彭城。十一月，楚伐宋，救彭城。華元赴晉告急。晉出兵臺谷，救宋；楚兵還。十二月，晉、魯、宋、衛、鄭和齊同盟於虛朾，派兵續打彭城。直到五七二年春，才把這個偽都打得投降，晉兵抓住傀儡魚石，囚在瓠丘（史記則作「殺之」）；歸彭城於宋。

同年五月，晉帥諸侯聯軍伐鄭，伐陳，伐楚（鄭陳時均親楚）。秋，楚救鄭，侵宋，取呂、留兩城；鄭亦侵宋，取犬丘。次年春，楚令鄭侵宋。六月，宋、衛侵鄭。七月，晉、魯、宋、衛、曹、邾會於戚，冬，再會於戚，齊、滕、薛和小邾也都到會，修築虎牢，偪迫鄭國，鄭遂背楚講和。從此以後，楚國不再北侵，晉悼公又稱霸了十五年。

楚國這次扶植魚石的偽政權，除了「以夏制夏」——對抗晉國，「以宋制宋」——脅迫宋國附楚的老企圖以外，還有一個新戰略，便是企圖截斷晉、吳的交通。因為自從公前五八四年晉、吳兩國締結同盟，吳便對楚宣佈獨立，多年以來，直接間接和楚國作戰十幾次（參看第七章：比和棄疾）。到五七六年十一月，晉、魯、宋、衞、鄭、邾等國又初次和吳國會於鍾離，至此楚國兩面已被包圍：她只有控制宋國，和截斷晉、吳交通兩個藥方可用。整個宋國既不能控制，只好扶植僞組織（魚石），阻塞晉、吳大道了。宋大夫西鉏當時評論楚國戰略是「塞夷庚（按即晉吳大道）而懼吳晉」（左傳成十八年語），可謂中肯。

孔子對於這次事件的「微言大義」載於春秋成十五年：

「宋華元出『奔』晉；宋魚石出『奔』楚。」

這是把華元和魚石劃了等號，說他倆都是去勾結外國。我却要向他抗議：原來，華元的「奔」晉，是去找外交關係（兄弟友邦）；魚石的「奔」楚，却是去找父子關係（父皇帝和兒皇帝）：兩人絕對不能並列。譬如近年我國和美國的關係，便是外交關係；日本和汪精衞，赤色帝國主義和毛澤東却是父子關係。好在他又在春秋上寫道：

「宋華元自晉歸於宋。」（成十五年）

「宋魚石復入於彭城。」（成十八年）

「自晉歸」三字，按春秋書法是表示外交關係的，只是說取得了晉國的外援；「復入」二字，則是表示勾結外國，叛變祖國。可見孔子還不會和現在的「民盟」一樣，不辨是非，心中尙有分寸。

鄢陵會戰中，晉楚也都使用了漢奸間諜，在左傳上留有詳細有趣的記錄，讀者大可詳讀一番（公前五七六——五七三）。

二二　齊國扶植的傀儡——莒公子去疾和展輿　莒國是春秋時代相當小的國家，大致以如今山東省莒縣爲中心。公前七〇一年始見於歷史，征滅了向、紀、鄣、鄫等小國，東北和齊國、西北和魯國爲鄰：所以她的內政一向受着齊、魯兩國的武裝干涉。她和魯國的關係特別不佳（參看本章十七節），魯昭公的「行都」——鄆城就是侵割而來的莒國領土。

公前五四二年。正是莒犂比公當政。這是一位暴君，失去人心。他有兩個兒子，去疾和展輿（即庚輿），已立展輿作了世子，但又把他廢掉。這年十一月，展輿「因國人」（左傳語）以弒其父，自立爲君；去疾便去勾結齊國，因爲齊國是去疾的外婆家。

第二年，展輿削奪了羣公子的俸祿采邑，這些羣公子當然便是去疾的一黨，於是秘密準備作去疾的內應。到了秋天，齊國的公子鉏武裝護送去疾返莒，裏應外合，被立爲著丘公，趕走展輿。展輿也去投「奔」吳國，因爲他是吳國的外甥。務婁、瞀胡和公子滅明也在大龐、長儀、靡等地方宣佈了「獨立」，降附於齊，這些人大概是反去疾而也親齊的。左傳作者評論展輿失位原因在於「棄人」（昭元年語），就是說他捨棄了公族。

原來，在公前五六一年，莒國曾經「貳於楚」，接連在兩年之內侵犯魯國的東方邊疆。現在魯國便利用莒國這「外患性的內亂」機會，攻佔了他的鄆邑，並由魯人去殖民。公前五三八年，莒國的鄫邑叛降於魯，五三七年，莒牟夷又在牟婁及防茲兩地「獨立」，也投降了魯國。著丘公到盟主晉國那裏去告狀，請伐魯國，又被魯叔弓打得大敗。著丘公在這內變——公族自亂，外禍——魯國來侵交相壓迫之下，死在公前五二八年。

著丘公卒，世子郊公即位。那位流亡在外十三年的展輿又在齊國公子鉏保護之下，攻入祖國；同時莒國國內的公族蒲餘侯茲夫殺公子意恢（郊公黨）和公子鐸等，作爲內應，來迎展輿：展輿遂被立爲共公。齊國雖由展輿手中接收了割讓的賄田，却又接收了莒郊公的勾結：郊公「奔」到齊國去了。——齊國純是利用莒國的內亂，打如意算盤作生意。

共公的僞政權在成立六年之後，公前五二三年，似乎討厭齊國又要「納」入郊公，便不再事齊，改爲親魯；齊國遂派高發帶兵討伐這個反正的傀儡。共公兵敗，進到紀鄣，齊兵又追去滅了紀鄣。紀鄣是莒國的屬國（？）。

二年之後，公前五二〇年，齊北郭啓又率師伐莒；共公抵抗得很是厲害，打敗齊兵，竟至齊景公不得不親征，共公才被迫行成。

這三十年來，莒公共在齊國導演之下，和去疾、郊公兩次爭國；又連年對齊作戰；他又是一位暴君，喜好鑄劍，鑄成之後，便殺人試劍；惹得民衆叫苦，公族滿怨。第二年，公前五一九年，他又親魯反齊。莒國的烏存——大概是郊公之黨——實行叛變，趕他跑到魯國去；迎接郊公，齊國又把郊公扶上寶座。

齊國對於莒國先是扶植去疾，打倒展輿；又扶植展輿，打倒郊公；這回又扶植郊公，再打倒展輿：誠然是所謂「覆手爲雲，翻手爲雨」，只爲了取賂，割地，以莒制魯。莒國的這些莒奸，爲了王位，甘作傀儡，只苦虐了國家和人民：帝國主義和漢奸眞是古今絕大的不祥之物！。

在公前五二三年，莒共公兵敗逃往紀鄣的時候，有一段可怕的故事：這時有個婦人，她的丈夫早被共公殺死，到了老年，託足紀鄣，紡麻爲生。她先時便按照城牆的高度，紡了一條巨繩，藏在家裏。等到齊兵追逐共公圍了城垣，她自動地把繩子扔了出去，齊兵六十名縋之而登，紀鄣城破，共公只得再投奔他處。我說這故事可怕，是告訴執政的人，就在極微小的地方，也不能製造不平。這不平之氣，縱然看來很小，有時竟會壞了國家的大事（公前五四二——五一九）。

二三　齊國扶植的傀儡——北燕惠公款

北燕是春秋時代齊和北戎之間的一個小國，地望是在現今北平以西的宛平縣境。公前五三九年，她的國君是惠公（此從史記；春秋則作簡公）名款。他親近嬖寵，計劃逐走諸位大夫，立寵臣名宋者執政。冬天，大夫們聯合（左傳之所謂「比」）作亂，殺死嬖宋；他害怕了，「奔」赴齊國。——按：在惠公元年，公前五四四年，齊國高族的高止曾「奔」北燕，可見齊和燕原是敵對國家；惠王現在「奔」齊，也可見惠公的反叛黨正是反齊的，而他已變爲親齊的人了（不親，不來「奔」）。

他到齊國，賄賂景公，「納」他入國。四年之後，到了公前五三六年，齊景公便赴晉朝拜盟主，請求討伐北燕；晉平公也應允了。冬天，齊兵伐北燕，正是去扶植流亡的惠公。名臣晏嬰當時曾下判斷道：

「不入。燕有君矣；民不貳。吾君賄，左右諂諛。作大事，不以信，未嘗可也。」（左傳昭六年語）

果然第二年春，齊兵被滯留於虢（燕地），不曾前進；燕人也來求和；景公採納了公孫皙「受服而退，俟釁而動」的建議，要求燕人把美女燕姬和寶器——瑤罋、玉櫝、斝耳——送了來，景公便和燕人盟于濡上，不「納」惠公而退。齊景公這盤生意眞可以叫作「兩頭吃」了。孔子批評濡盟用了「暨齊平」三字，是齊國主動強迫議和的意思，在左傳昭公時代以前是一「特筆」，可見他也很反對景公的唯利是圖。

但，到了五三〇年，齊景公到底又派高偃帥師，打下北燕的陽邑，把惠公「納」入城中；但不久，他便死了。這次齊兵只替北燕惠公建立了「行都」，始終不能進入國都。又據左傳昭十年所載，齊兵「納」惠公於陽是「因其衆也」，可見陽邑是作了內應，容納惠公的。

齊國自從桓公以後，始終想控制北燕，北伐山戎。桓公曾問過管仲：

「吾欲北伐，何主？」

「以燕爲主。反其侵地柴夫、吠狗」。（國語）

山戎每次南侵，也都先控制北燕。據穀梁傳莊三十年「桓，內無因國，外無從諸侯，而越千里之險，北伐山戎」云云看來，北燕實是齊和山戎的「因國」（卽僞國）。惟「因國」與「與國」含義大不相同，「與國」是外交關係，「因國」是父子關係。穀梁傳又稱：「燕，周之分子也，貢職不及，山戎爲之。」大概她是長期在山戎控制之下。這次，齊景公「納」入北燕惠公，除了受賄的目的之外，想來和齊國的北伐計劃還有關罷？赤色帝國主義把毛澤東看作北燕惠公，把東北、華北當作陽邑，把「解放區」變爲「因國」，不也和她的「南伐」計劃有關麼（公前五三九——五三〇）？

二四　陳吳兩國的傀儡——宋華亥

宋國的公族不斷自向傾軋，敵國便利用這種傾軋，扶植

「友好政權」，在本章第十八節和二十一節已經有了詳細的記載。到了公前五二二年又發生了「奔」「納」事件。

這時宋國是元公在位。內閣仍是戴族、桓族和莊族的聯合內閣。元公和華定、華亥（均戴族）、向寧（桓族向戌之子）——執掌馬兵大權的閣僚——不睦。這府院磨擦的結果，是戴、桓兩族聯合決議：

「亡愈於死！先諸！」

於是作亂，殺了公子寅、公子御戎、公子朱、公子固、公孫援和公孫丁，拘禁了向勝和向行，逐走了公子城（「奔」晉）、公孫忌、樂舍、司馬彊、向宜、向鄭、楚太子建和兒甲（「奔」鄭），把府黨一網打盡，並刼持了元公。結果府院互派質子，暫告段落。

到了冬天，元公勾通了華費遂，殺了華亥之子無慼、華定之子啓和向寧之子羅（三個質子），攻打華亥、華定和向寧。三人兵敗，便「奔」赴陳國去了。但臨行卻派華牼送還太子欒、元公母弟辰和公子地，這個是華亥主張的「干君而出，又殺其子，其誰納我？」華登（費遂第三子）也「奔」往吳國。

第二年，大司馬華費遂的長子華貙和次子華多僚兄弟磨擦：華多僚告密說華貙要作華、向等的內應。元公便和華費遂商好，把華貙驅逐出國。這秘密被華貙查明，遂於五月丙申日殺死弟弟多僚，刼持父親華費遂，作起亂來：一面去召華亥、華定和向寧。七天之後，三人來到，會合華貙的叛兵，佔據宋都的盧門和門外的南里，正式叛變。六月以後，都城失守，元公被打退到舊鄘，守桑林門。十月華登也勾引吳兵，參加了叛亂。華、向兩支叛兵，至此變質成爲僞軍，他們的南里也變成爲僞「解放區」了。

這時，元公借來的齊兵也由烏枝鳴率領，開入宋國，齊、宋會師，大敗吳師於鴻口，俘了兩員吳帥——公子苦雂和偃州員。奸黨華登卻又指揮其餘的吳兵，打敗了元公的兵，把舊鄘也掌握在手。元公嚇得要棄城出奔；幸虧他的厨人濮和齊將烏枝鳴喚起了士氣，打了一個白刃戰，戰敗華氏，追到新里。厨人濮又用了詐術，以裳裹人，荷之以走，宣傳說俘虜了華登，叛軍和吳軍的鬥志因之消沉，就被打敗了。

到了十一月，宋兵和齊兵還是只能守城，不能反攻；但公子城（去年「奔」晉）正好帶領晉國救兵來到，曹國和衛國也來助戰。丙申日在赭丘打了一戰，叛軍大敗，南里被圍，華亥捶胸對華貙喊着：

「吾爲欒氏矣！」（左傳昭二十一年語）

這已是叛黨的哀鳴了（參見本書第六章欒盈部分）。華貙遂派華登赴楚乞師。第三年，楚平王派薳越帥師入宋。宋元公本來決心和楚兵一戰，並澈底消滅叛黨；但經晉荀吳、齊苑何忌、曹翰吳和衛公子朝（均領兵援宋者）的固請，撤去新里的圍兵；叛黨華亥、向寧、華定、華貙、華登等便隨着楚兵「奔」赴楚國去了。

華亥等的僞「解放區」垮臺以後，陳、吳的「技術人員」「代表團」（這都是毛澤東用以稱號外籍赤色人員者）和軍隊都跟着跑了，晉、曹、衛、齊援兵，也就退去。宋國內閣重新改組，公孫忌替代華費遂（此人被迫叛變後，不知下落）爲大司馬，樂大心作了右師。宋元公也便成了晉國的「友好政權」（公前五二二）。

二五　楚、鄭兩國援助的僞政權——周王子朝　在宜臼奔申（本書第四章），子頹奔衞（本書第八章八節）和叔帶奔齊（本書第四章）三個事件之後，公前五二〇年到五〇一年，周朝又發生了子朝勾結楚鄭，叛國作亂事件。古史（春秋左傳）對這事件留有詳細的紀錄（不但有年月，而且有日），可見歷史家對於它的重視。這是周朝的第四次內亂。

原來，在公前五二〇年周歷四月十九日，周景王薨於北山（今河南省洛陽的北邙山）的獵場。他那一次的出獵，曾帶領全體閣員（六卿）前往，原來打算藉機易儲（廢太子猛，立子朝）；但不幸以心疾暴死，沒有辦完這件大事。也正因這儲位問題的不會解決，便發生子猛和子朝的王位之爭，演出二十年的「內亂」。

景王薨後第二月（五月），內亂便爆發了。太子派的劉蚠和單旗攻殺了子朝派的賓起（孟），召集羣王子宣誓，立子猛爲王。但他沒有正式即位，後來謚爲悼王。六月，子朝便發動了「舊官百工之喪職秩者與景靈之族」（左傳昭二十二年語），在國都暴動；另派他的基本地盤郊要餞三邑的甲士從城外攻殺進來，打敗劉蚡，逃往揚地（當在城內）去了。單旗則由莊宮裏奉悼王出走，企圖去會和劉蚡。但當夜城內叛軍首領王子還又打敗了單旗，刼下悼王，送入莊宮——悼王和莊宮便落於叛軍手裏。

第二天，子朝叛黨的王子還和召莊公，奉着悼王追趕單旗，在領地（周都城外）和單旗鄭重宣誓（大盟），言歸於好，又奉悼王回到莊宮，而且殺了鞏荒（子朝黨，打敗單旗之人）以取信討好於劉蚡和單旗。當時王子還的策略是穩住單旗，防他反攻國都，到一階段再廢悼王，立子猛。劉蚡和單旗也判斷叛黨必會這樣背盟，就分別奔回劉邑和平時——他們的采邑去集兵勤王。單旗把兵召集完成，叛黨已經追到平時，一仗結果，叛軍失敗，王子還和其他七個王子全被殺掉。單旗帶兵收復了國都，叛黨首領子朝逃往京地——他的采邑。單旗來攻；子朝又敗退山地。這時劉蚡也領兵進入國都，於是悼王、劉蚡和單旗又重新會到一起。

子猛在基本地盤——他的僞「邊區」，把隊伍領來重攻國都；中央軍鞏簡公、甘平公等和他對仗，却被叛軍打敗。七月，單旗和悼王離開國都，經平時、圃車，進駐皇地（周地近於晉境），等候晉國來接——原來他們已經派人告急於晉，按照那時的禮節，應該「次」（等候）於邊疆上的。臨走時，把國都防務交給王子處。王子處和曾經參加叛變的「百工」在平宮結盟——安撫這些失業的工頭（即官僚）和工人，防止他們再行作亂。子朝的叛黨鄩肹前來攻擊皇地，當然是來追悼王；但戰敗被俘，活活燒死。

悼王在皇地候到八月，晉國並未來接。中央軍司徒醜部去攻打僞「邊區」前衛的前城，被叛軍打得慘敗。國都裏的「百工」又叛，攻單旗的公館（宮），但也沒有攻下；第二天，單旗反攻「百工」，第三天直搗「百工」的大本營——東圉。

直到十月，晉國才派籍談和荀躒率領九州之戎和焦、瑕、溫、原四邑的自衛團之類，「納」悼王於國都。叛軍又來攻擊國都，把劉蚠和單旗的兵打敗，並打敗晉將指揮的陸渾之戎。十一月，叛軍攻入國都，殺死悼王（此從史記）。劉蚠和單旗再立子匄，即子猛的同母兄，後來謚爲敬王。

閏十二月，晉軍由右翼，中央軍由左翼，渡過伊洛兩水，分進合擊僞「邊區」，並收復了前城。晉軍前進到前城東南，中央軍前進到京楚；叛軍子朝退入僞「邊區」的京邑自守。第二年正月，公前五一九年，二軍圍攻郊邑，郊鄩反正（二邑均係叛軍所據在今河南省鞏縣）。晉軍在平陰，中央軍在澤邑。四月，單旗克復了訾邑，劉蚠也收復了牆人直人所據的城邑（都在鞏縣西南）。六月，大臣尹圉（文公）也歸服了叛黨，子朝從京邑入于尹邑。尹圉誘殺了劉佗（蚠族，敬王黨）；叛黨召伯英（莊公）和南宮極也率領國都內的叛官叛軍，集中尹邑。這時，叛黨把尹邑作了主要根據地。單旗和劉蚠一度攻尹，失敗而退。

同月，國都還有暴動，劉蚠、單旗迫不得已，奉敬王退出國都，前往劉邑。七月，鄩羅（周大夫）納子朝於莊宮，建號稱王，時人呼爲「西王」。叛軍尹辛先敗劉蚠於唐地，又敗劉部於唐地，佔領西南，攻蒯地；蒯潰。從此叛黨竊據國都；周國的中央偏安劉邑，敬王也被稱爲「東王」。

到第三年三月，公前五一八年，晉國慢斯條理地派士景伯（又一個古代馬歇爾！）來到周朝，考察內亂。他立在國都北門，問於「介衆」（大約是武裝官兵之意），弄明白悼王、敬王是合法的正統的中央，子朝確是叛逆，這才「辭子朝之使」。在這內亂期間，晉國只在頭一年的十月派籍談和荀躒率領偏師，打了幾個小仗，從第二年正月以後便完全不見晉軍的活動，現在第三年了，才「辭子朝之使」，可見晉國在這以前是不問是非，中立徘徊，心存觀望的。但晉國還是沒有決定對周大計。到了六月，鄭定公赴晉去見獨裁者范匄。范匄說：

「若王室何？」

鄭定公的發言人子太叔對曰：

「老夫，其國不能恤，敢及王室？抑人亦有言曰：『嫠不恤其緯，而憂宗周之隕』，爲將及焉！」

今王室實蠢蠢焉！吾小國懼矣；然大國之憂也！吾儕何知焉？吾子其早圖之！詩曰：『缾之罄矣，惟罍之恥。』王室之不寧，晉之恥也！」（左傳昭二十四年語）

范匄這才害起怕來，和韓起商量，決定明年召集諸侯開會。第四年夏，公前五一七年，這時叛黨佔據國都，篡位僭號已經快兩整年了。晉、魯、宋、衞、鄭、曹、邾、滕、薛和小邾（注意：沒有齊、楚和秦）等國的代表，才在黃父開會，討論平亂問題。晉代表趙鞅令諸侯國「輸王粟」（獻糧）「具戍人」（派守兵），並且說：「明年將納王！」

第五年四月，公前五一六年，單旗赴晉告急。五月，一路叛軍倒是在尸氏（今河南省偃師縣）被中央軍打敗了；但中央軍却被另一路叛軍在施谷打得慘敗。七月，叛軍打到行都的劉邑，劉蚠只得奉敬王再行出走；叛軍在後追打。十三天之後，敬王等逃到滑邑（即滑國，滅於鄭，在今河南省滑縣）。這時叛黨子朝的勢力控制了周朝的全境；晉國的知躒、趙鞅却也率領正規軍開到周國國都附近了。八九十三個月，晉軍和叛軍作戰，把僞組織打出國都，退回鞏邑、尹邑一帶。十月，敬王從滑邑回到尸氏。十一月，晉軍克復鞏邑。叛黨召伯盈看見大勢已去，舉兵反正，攻打子朝。子朝才和召氏之族、毛伯得、尹氏固、南宮極等，捆載了周朝的典籍，出「奔」楚國。同月，敬王正位莊宮，光復舊物；晉兵留下一部衞戍國都，其餘便回國了。子朝的叛變，算來已是五年。

叛黨首領子朝奔到楚國以後，先發表了一篇宣言（原文載左傳昭二十六年），攻擊子猛、子匄、劉蚠和單旗；同時就和楚國勾結，準備回國作亂。因之第六年秋，公前五一五年，晉、宋、衞、曹、邾和滕等國的代表會於扈，晉令諸侯派兵駐防周朝國都；冬天，晉籍秦帶着各國戍卒開到。第八年三月，公前五一三年，周朝殺掉召伯盈（第五年十一月反正者）、尹氏固（第五年隨子朝奔楚，半道回來）和原伯魯之子。五月，王子趙車叛入鄻邑；周中央軍陰不佞把他打敗。第十一年八月，公前五一〇年，敬王派富辛和石張赴晉，請修成周城，準備由國都的王城遷都成周；到第十三年，公前五〇八年，成周城修好，使遷都了，各國戍兵才得回國。以上的史實都是說明這些年來叛黨始終不穩。到第十七年，公前五〇四年，周朝乘着吳兵佔領楚都的機會，才派人到楚國把叛黨首領王子朝殺死了。這些年來，楚國正被吳國打得國破君亡，無暇問鼎中原，否則，子朝定會在她扶植之下，親自回周和敬王搗亂。

但，到了第十八年二月，公前五〇三年，鄭國佔領了周朝的馮、滑、胥靡、負黍、狐人和闕外等六地，要「納」入子朝的餘黨儋翩，（這可見子朝不但勾結楚國，也曾勾結鄭國。）晉國乃和魯國聯合，由魯兵侵鄭，以爲牽掣。六月，晉國又派閻沒帶兵來周駐防，打退鄭兵，修起胥靡城。到了十二月，叛黨周儋翩在鄭國扶植之下，已經鬧得很凶：敬王又蒙塵到姑蕕去了。第十九年二月，公前五〇二年，周儋翩使入儀栗，舉起叛旗。四月，尹氏也在窮谷叛變；但被單武公（單旗之子）和劉桓公（劉蚠之族）打敗。十一月，單旗、劉蚠和籍秦才護送敬王重回國都。這時儀栗、穀城和盂等地還是周儋翩的僞「邊區」，直到第二十年二月，公前五〇一年，才被中央軍完全收復。——子朝的餘黨計又叛亂了三年。

子朝叛變共計二十年，他和他的叛黨勾結楚、鄭，進攻祖國，和宜臼、子頹、叔帶眞是如出一轍。但這個事件裏有幾個新問題值得研究：子朝爲什麼要叛變？何以有許多大臣竟也隨他叛變？何以又有許多大臣擁護子猛和子匄？士景伯來周一問，何以便承認子匄合法，子朝不合法？這叛變裏發現「百工」，這是什麼階層？他們何以參加叛黨？晉國和其他諸侯國何以遲遲不救？鄭國何以先支持敬王，後來又援助叛黨？子朝何以載籍出奔？這些典籍在南方（楚國）發生了什麼影響？

一、子朝爲什麼要叛變？何以有許多大臣竟也隨他叛變？何以又有許多大臣擁護子猛和子匄？這個問題容易解答，就是子猛和子朝都是要作皇帝。在子朝方面，如果景王不死，北山之會開成，殺了劉摯、單旗兩位大臣，廢立了子猛，那麼子朝便是景王的二世了。眼睜睜只差一兩天，皇帝寶座坐不成了，他爲何不急？急則生變。子猛之所以和子朝相爭，子猛之黨之所以和子朝叛黨相爭，中心基本的原因，祇是政權，因爲有政權便有秩俸，有秩俸便可吃飯。但子朝和他的叛黨却把吃飯問題的政權之爭，變爲冠冕堂皇的

「法統」之爭，利用封建制度關於「立子」的法律問題，作爲掩體。子朝在宣言上說：

「先王之命曰：『王后無適，則擇立長；年鈞以德；德鈞以卜。王不立愛，公卿無私。』——古之制也。」（左傳昭二十六年語）

這是說景王王后穆氏的太子壽死後，既然再沒有嫡子，自己（子朝）便應當依法被立爲太子，因爲自己是長庶子；而景王立了次庶子子猛，這是「立少」，便違反「王不立愛」的古制，所以他自認反子猛以及子猛母弟子匄，都是「護法」，並不是叛變。

子猛和他的黨卻講的是「命令」問題：便是說子猛業經被景王明令立爲太子，北山之會既未開成，子猛未被廢立，子朝也未被立爲太子；所以子猛是「合令」的皇位承繼人。子匄與子猛爲同母兄弟，子猛既被弒，則子匄也是「合令」的皇位承繼人。按封建制度說，「王后無適，則擇立長」，子朝固然當立；但景王已有命令立了子猛，當時「朕即國家」，「命令可以取消法律」：所以子猛「合令」即「合法」；子朝便算不「合法」，子朝硬要爭王位，便是「干景之命」（左傳昭二十六年語），違法的了。（子猛之法律地位問題，即他究爲穆后姪娣之子抑係次庶子問題，原爲漢朝以來直至清朝說經者始終不能解決之問題。茲據子朝宣言，考定子猛爲次庶子，自謂可爲定論。）

子猛依據「命令」即位，子朝也依據「法統」爭位：兩方都吸收了羣衆，這就是許多大臣之所以分爲兩派的原因。孔子的春秋，左傳作者以及士景伯都承認子猛和子匄「合法」，一致認子朝爲叛逆，這就因爲周初的老封建制度「立長」到後來變爲「立愛」的新封建制度了。子猛黨是新封建制度的擁護者；子朝卻是老封建制度的守衛者。

二、在這事件裏，「舊官」和「景靈之族」參加子朝的叛變，這在春秋三十多個內亂事件裏便「古已有之」，已不是新奇的事；新奇的一點是「百工」的參加。周朝的「百工」，不單是由周民族中的「手藝人」充任，其實大部分是由殷亡國後被遷來的「頑民」充任。（其他的殷頑民則經營商業，作了商人。）

這些人原是殷民族的志士，六百年來還在作着周民族的奴隸——和農奴同一命運的「工奴」。而他們的民族意識仍是很强，人口也一定增殖得很多。但，周朝到了景、敬時代，國勢早已衰敗，修造全然停頓；這些人也就大部失業了（所謂「喪職」）。「百工」的「工頭」即所謂「牆人」，「直人」的「人」都是周人（周代之所謂「人」實即官僚），旣無所用其剝削，也便聯帶失業了。現在遇到子朝叛變的機會，民族的餘燼和飢餓的火炬都燃燒起來，便參加了暴動，一次，二次，三次……扮演了頂英勇的角色。你怪他不擁護新封建制度麼？但新封建制度原是他們的枷鎖。你怪他不知道愛國麼？但國家對於他們又何嘗愛過？「君視臣如草介，臣視君如寇仇」，這裏邊沒有「倫理」「道德」和「感情」等問題；只有現實的赤裸裸的飢餓的問題。子朝給他們飯吃，他們便跟着子朝暴動；王子處和他們「盟」，這只是組織「黃色工會」，對於他們毫無用處，只有再叛。直到二千四百年後的今天，赤色漢奸組織「赤色工會」，指揮他們罷工，領導他們暴動，仍是「飢餓戰略」，和子朝所用的並無二致。不用說他們不懂得愛國，不懂得亡國之後，工人也得當亡國奴；即便懂得這些，也會先顧眼前的是否飢餓，而不顧將來的是否飢餓。何況赤色帝國主義國內工人並不飢餓？這是他們所知到的呢？赤色帝國主義和赤色漢奸，「因百工之喪職者以作亂」（左傳昭二十二年語），這「因的戰略」固然很毒；卻也正因爲我們只會組織「黃色工會」，安撫欺騙甚至殺戮工人，而不會認眞解決失業問題。

三、晉國何以遲遲不救？子頹之叛，鄭國和虢國來援，叔帶之亂，齊國和晉國來救，原也隔年累月，並不痛快；這次子朝叛變，「晉援」來得更慢，這有五點理由：第一、齊桓公和晉文公較快地援助襄王，是假借「尊王」的名，實際上要把周朝變作高級的「友好政權」，以便「挾天子，令諸侯」，而達到稱霸的目的。這很類似第一次大戰後英美的利用「國聯」以及赤色帝國主義的利用「國際」。（當時天王僅是聯合國的虛君。）鄭厲公的援救惠王，也是爲此。到子朝作亂時代，晉國君昏臣庸，權在士族，自顧不暇，早已無心稱霸，又何必去管周朝的家務？第二、在公前五三三年，即子朝事變前十四年，晉平公和他的權臣們會派大將梁丙等率陰戎伐周（時卽景王），那次的企圖是「暴滅宗周」打倒中央。這在春秋時代實是破天荒的大事。後來晉國雖然停止行動，但對周景王的態度一定不會變好。現在景王的後人們鬧出亂子，無寧是晉國所樂聞的。第三、子朝宣傳「古之制也」，極爲動聽，這也迷惑了晉國的視線。第四、子朝必然行賄，晉國權臣也一定收賄。四年以後，魯昭公被季孫氏驅逐出境，求晉「納」入，晉臣受賄，始終不肯，昭公卒至老死乾侯（見八章三五節）。把昭公和敬王比起來看，便知子朝也和季孫相同。第五、子朝的兵確是很強，潛伏力量也是很大，晉國不能不有所顧忌。

四、鄭國何以先支持敬王，後來又援助叛黨？原來，支持敬王是鄭定公的政策，他是一位尊王愛國的老年派；援助叛黨是鄭獻公的政策，他必是「個少壯派」。左傳原文是「周儋翩因鄭人將以作亂」，「人」與「國」根本不同。「人」指一部權臣或武人而言，也許是那一位鄭臣和周儋翩的單獨勾結。九一八後，日本關東軍在中國到處扶植僞政權，便有許多不是奉着日本政府指令所幹的。

五、子朝何以捆載周朝典籍奔楚？這因爲子朝和他的同黨都是老封建派，老人都愛古書。這些典籍到了楚都，倘或不被吳兵燒燬，便是「屈原時代」的產母。我總懷疑離騷上所保存的古史料，何以在中原失傳而却留在楚國？大約和這事有關。那麽，子朝倒是意外地作了周文化輸出的工作（公前五二〇——五〇一）。

二六　齊國援助未成的流亡政府——魯昭公稠　魯國的實際政權，從莊公起，公前六九三年，便由桓族的孟孫氏、叔孫氏和季孫氏——所謂三桓——先後輪流掌握着。桓公弒死「攝政王」——隱公，繼爲魯君，似乎也出自宋國的扶植，只是史料不全，難下定論。桓公被齊襄公姦殺以後，世子允繼位，諡爲莊公，公子慶父，父子牙和公子友便逐漸執掌魯政。莊公卒，孟孫氏的公子慶父，先後弒死子般和閔公，這是桓族作亂的最初紀錄。其後，成季擁護僖公，殺死慶父，成爲齊國的「友好政權」，這是桓族兄弟鬩牆的開始（見第八章及第十章）。到公前五一七年，季孫氏打倒合法中央的昭公，又鬧出一樁「奔」「

納事件。這都是公族制度在作祟，也是周朝封建制度本身矛盾的發展，和宋國「內亂」情形如出一轍。

魯昭公名稠，公前五四二年繼位，史稱他「年十九有童心」（史記年表），就是說他是個紈袴或白痴。那時三桓在魯國的勢力，正和春秋各國對於周朝一樣，實際上早已俵分土地人民財富，各自建都，作僭「小侯」，成爲「政令在家」，「公室四分，民食於他，思莫在公」（左傳昭五年語）的局面。到了公前五一七年九月，這個虛君已是在位二十五年了，那時季孫氏已專政三世，「甚得民，淮夷與之」（左傳昭二十七年語）；而魯君却已「喪政四公」（左傳昭二十五年語）了。

昭公越看局面越不對，決心肅淸權臣，遂利用臧昭伯等公族對於季孫氏的不滿，下令討伐；但第二天就被季孫意如所打敗，昭公便「奔」往齊國。魯國的合法政權，從此就被權奸所篡奪了。

這些年來，齊、魯關係時好時壞。齊景公對於前來投止的魯昭公當然頗表歡迎，想把他扶植成爲「友好政權」：所以第一步便把莒疆以西的一千個「聯保」劃給昭公，幷表示用全力支持他；第二步派兵攻佔魯國的鄆邑，替昭公建了一個「行都」，又派兵團打孟孫氏的城邑。從此以後，昭公就偏安在鄆，共爲四年（事與景公「納」北燕伯於陽相同，參見本章二三節）。

宋國和衛國也「利『納』公」（左傳昭二十七年語），宋元公親身赴晉，代爲請援，走到半路死在曲棘。但齊國的大將子猶，却收受了季孫氏的賄賂糧米「五千庾」，說服了景公，不讓他給昭公幫忙。所以第二年秋天，齊、莒、邾、杞還有昭公，盟於鄟陵，雖然討論一番「納」昭公的事，自然也沒有什麼結果。齊景公受了大夫們的包圍，老實不客氣地和楚國都支持季孫氏的叛亂「政權」了。

第三年秋天，晉、宋、衛、曹、邾、滕等國會議於扈，宋、衛積極請晉「納」入昭公；但晉權臣范鞅早也受了季孫氏的賄賂，藉口「天道」困難來推諉。這時季孫氏的叛軍又來攻擊「行都」外圍的且知，把昭公的兵打敗。這年，昭公於春冬兩次往訪齊景公，全然碰壁。

第四年春，昭公赴晉求援，又被晉國擋了駕，在乾侯駐了一年。第五年春天回到「行都」。齊景公派人來慰問他，便喊他爲「主君」，不再承認他爲合法中央了。他再赴乾侯，想着去晉，又被拒絕。這年多天，「行都」鄆邑也叛了昭公，被季孫氏佔去。這位失國之君，從此流亡乾侯。

第六年，晉頃公卒。第七年，晉定公立，很同情昭公，想派兵「納」他返魯。但那位受賄的范鞅一面說：

「若召季孫而不來，則信不臣矣。然後伐之若何？」（左傳昭三十一年語）

變更了定公的決心；一面偷着派人告知季孫氏說：

「子必來；我受其無咎（按：保險無罪）！」（同上引）

叛臣季孫意如於是「練冠麻衣跣行」，裝作「獲罪於天，無所禱也」的樣子，對晉國代表荀躒表示同意迎回昭公。

下一幕便是另一方式的「政治協商」：由荀躒帶着意如到乾侯，勸昭公回國。昭公從亡之臣子家羈也主張昭公隨季孫氏復位；他本已答應了；但又受了臧昭伯等所勸阻，對荀躒發誓不接見季孫氏。子家羈再勸他脫離羣臣，輕車簡從，跟季孫氏一道走；昭公也想採納；却又被衆從者所脅，不能實現。荀躒便告訴季孫氏說：

「君怒未怠，子姑歸祭。」（同上引）

「歸祭」云云，是代表晉國承認叛黨季孫氏的僞政權之意。——范鞅導演的這齣戲，到此便落幕了。第八年上，公前五一〇年，昭公畢竟客死在晉國的乾侯地方了。三桓倒是把他的屍首接了回去，并立其弟定公爲魯君。

昭公的出「奔」也是去求援齊國（後又求援晉國）；齊景公和晉定公原本計劃「納」他回國：這也是「奔」「納」事件。不過與其他「奔」「納」事件有一點絕對不同：他是魯國的合法政權，被篡以後，才向外國去求援，和衛獻公情形相同（參着本章二〇節），較比其他非法政權的勾結外國便屬截然兩事：所以孔子在春秋上特地爲他創造了一個「遜」字，而不書「奔」（公前五一七）。

二七　曹國扶植的傀儡——宋樂大心

本章第二四節敍述華亥「奔」「納」事件，提到樂大心入閣，作了宋國的行政院長（右師）。到了公前五〇一年，宋景公派他和晉國會盟。他因爲前幾年黃父之會，碰了晉士伯的釘子，便稱疾不去。他的族子子明和他有隙，在景公處告他一狀，說他「不肯適晉，將作亂也」。景公聽信讒言，便要殺他：於是他出「奔」到曹國去，這是五〇〇年秋天的事。

這時，司馬桓魋在景公跟前得寵。他看見公子地（元公之弟）有四匹白馬，愛不忍釋。景公便強取了白馬來，染紅了鬃尾，送給桓魋。公子地大怒，派人揍了桓魋一頓，奪馬回來。景公一氣閉門大哭，兩目都紅腫了。公子辰（公子地之弟）勸公子地到外國廻避一下，以盡「辟君」之禮。按：那時的規矩，臣若「辟君」出國，國君也必派人勸止的。公子地於是出「奔」陳國。但景公并不勸止；公子辰向景公去請求，也不被採納：這表示是認眞驅逐公子地了。公子辰感到誑騙哥哥的責任問題，一面受了仲佗和石彄的強迫，不禁大怒說：

「吾以國人出，君誰與處？」（左傳昭十年語）

這是說「倒閣」（左傳之所謂「國人」，均指權臣）以晒景公的臺，於是他和仲佗、石彄也出「奔」陳國。那時宋國早已恢復了六卿制度，現在樂大心、公子地、公子辰、仲佗和石彄五位閣員，同時出「奔」，只賸了司馬桓魋一人。

第二年春天，公子辰、公子地、仲佗和石彄，勾結陳國，稱兵叛亂，割據了蕭國（宋之屬國），建立僞「解放區」。秋天，樂大心借了曹國的支援，也來到了僞「解放區」，共同反叛中央。據左傳昭十一年載，這些宋奸曾經「大爲宋患」。至於「大」到如何程度？因爲史料缺乏，不能細考。直到四年後，這個僞「解放區」才被宋國國軍收復。公子辰又出「奔」魯國，樂大心等四人沒有下文，大概是在討伐戰役中投首了（公前五〇〇——四九九）。（三十六年三月十一日至五月底，寫於北平，三十七年八月以後，分期刊於凱旋雜誌，未登完而瀋陽再度淪陷。）

第九章　女艾妹喜妲己和褒姒

古代的桃色第五縱隊

在古代，如上所述，第五縱隊的活動是那樣的禍家敗國翻地翻天的可怕，而這裡面也正有女人的蹤影存在着，如武姜作共叔段的內應（本書八章一節）；叔帶母惠后以「黨」啓狄人（四章）；建母作吳兵的內應（七章）；孔伯姬潛納蒯聵四事（六章），在以上各章也附帶提叙過了。就「因國史」的見地看來：他們都是桃色第五縱隊。本章對女艾、妲巳、妹喜和褒姒四人加以特寫，想來也是很有興趣的事。

女艾　在夏少康中興的戰爭裡，女艾出了豪。今本竹書紀年載：

「伯靡自鬲帥斟鄩斟灌之師以伐浞。世子少康使女艾伐過殺澆，伯子杼帥師滅戈，伯靡殺寒浞。少康歸於夏邑」。

據今人考證，竹書紀年並非原本，而係後人僞造，則其所記女艾事應打些折扣；但這段史實也見於他書：（一）左傳——哀公元年，伍員曰：「使女艾諜澆，使季杼誘殪」。晉大將杜預註：「女艾少康臣。諜，候也」。按：誘也是間諜工作，同是第五縱隊活動的方式。（二）離騷——屈原在天問裡問過這椿公案，看他問的：

「惟澆在戶，何求於嫂？何少康逐犬而顛隕其身？女歧縫裳而館同爰止？何顛易其首而親以逢？」

今本竹書紀年縱係僞造，但左傳不是僞造的；伍員對於女艾這段史實，也許有所點染，但屈原對這段史實也作了「歷史的起訴」：足見女艾定有其人。

這樁公案的案情，在今本竹書紀年附註（稱係沈約所作）裏註明如下：

「初，浞娶雄狐女，有子早死。其婦女歧寡居。澆強圉住其戶，陽有所求；女歧爲之縫裳，共舍而宿。女艾使人襲，斷其首，乃女歧也。澆既多力又善射（原文誤作造），艾乃田獵，放犬逐獸，因嗾澆顚殞，乃斬澆以歸於少康。」

歸納上邊的史實，可以說這是世界上最古的（四千年前）也很戲劇化的第五縱隊（間諜）的活動故事了。這種史料同樣保存在楚國人（伍員和屈原）的手裏，想來必在楚國的前代載籍檮杌裏或子朝載來的周朝典籍上，也是有紀錄的。伍員是兵家，西晉的杜預也是兵家，伍員明說「諜澆」，杜預註曰：「候也」，可見公元前二八〇年以前的兵家很重視這個第五縱隊戰。

女艾、汝艾自然是一個人：「女」和「汝」在古文裏是通用的，竹書紀年原文（假定也有這段史實）的科斗書必作「女」，束晳文人不知兵事，看不出女人也能幹出這樣大事，才譯成「汝」。在束晳的譯文以前，伍員叫她爲女艾，杜預也註爲女艾，沈約也寫爲女艾，屈原在天問裏也有女歧與女艾爲對文——則女艾必屬女性，是沒有問題的了。

原本竹書紀年，在秦火以後八十六年埋入魏襄王塚，自然是官方的史書，楚人必不能見：但楚人魏人恰好同樣保存着這個桃色第五縱隊故實，可信，也可喜。今本縱僞，必有舊影，不可一概漠視。

妹喜　妹喜、妲巳、褒姒三人，在春秋戰國時代的兵家眼裏，也都是桃色第五縱隊的隊員（女間諜）。先考妹喜。國語載史蘇（晉大夫）說：

「昔夏桀伐有施氏，有施以妹喜女焉。有寵，於是乎與伊尹比而亡夏。」

呂不韋的呂氏春秋，是一部可靠的秦代遺文，上面載：

「桀迷於末喜，好比琬琰，不恤其族，衆志不堪，上下相疾，民心積怨，皆曰：『上天弗恤，夏命其卒！』湯與伊尹曰：『若告我曠夏，盡如詩。』湯與伊尹盟，以示必滅夏。伊尹又復往曠夏，聽於末喜。末喜曰：『今昔（按卽夕字）天子夢西方有日，東方有日，兩日相與鬥，西方日勝，東方日不勝。』伊尹以告湯。商涸旱，湯猶發師以信伊尹之盟。」

這便是「妹喜與伊尹比」的註脚了。「曠夏」，就是偵查夏國，這任務由伊尹來執行，伊尹的身份正是第五縱隊組織者（特務），坐實了孫武子十三篇「用間」上所說的「商之興也，伊摯在夏」的舊案。妹喜把桀頭一天的夢境（表示桀之「恐商病」）很迅速地告訴伊尹，則這以外的軍政大事不問可知，是早已合盤托出。他的角色正是第五縱隊女隊員（間諜）。內間活動於內，特務接應於外，湯的大兵就壓境而來：這就是第五縱隊活動的整個過程。也就是勞倫斯、土肥原、維辛斯基以至希特勒最初的典範令了。

妹喜扮演第五縱隊的史實，經古史家陸續發現（我不同意累積說），寫在劉向列女傳上的尤爲可怕，她已是「女子行，丈夫心，雄冠，帶劍」的川島芳子型了。列女傳等書並且描寫她如何殘害桀的良臣（關龍逢），如何消耗夏的財力（這和赤色第五縱隊——「中共」——放火、殺人、毀工廠、扒鐵道相同），終於和湯王伊尹勾結（所謂「比」），滅了夏桀。

但這裏有一個特別值得注意之點，便是古史家一致述說，妹喜之所以「與伊尹比而亡夏」，是爲她的故國有施報讐，她之到了夏國，是有施氏有計劃派遣（所謂「女」）而來的。這也許是歷史家給她開脫。我的意見，她若不是以夏「人民」出賣祖國的「夏奸」立場來活動，不但值得原恕，且而也值得崇拜，這比今日中國的赤色第五縱隊甘心賣國，進攻祖國，是不可同日而語的。

在春秋戰國和以後另一批歷史家的記載裏，妹喜和女華（琰）纏夾不淸。今本竹書紀年：

「十四年，扁帥師伐岷山。」

沈約附註：

「桀命扁伐岷山（按：原文誤作山民）；女於桀二人，曰琬，曰琰。后（桀）愛二人（女無子焉），斵其名於苕華之玉，苕是琬，華是琰。而棄其元妃於洛，曰妹喜，於傾宮飾瑤臺居之。」

歐陽詢藝文類聚引古本竹書紀年（今本無）：

「桀伐岷山。岷山莊王女於桀二女，曰琬曰琰。」

這位女華，是桀伐岷山時岷山莊王獻來的美女，她也曾作了商湯在夏國中收買的內間——第五縱隊女隊員。證人是政治家管仲。管子地數篇：

「女華者，桀之所愛也，湯事之以千金；曲逆者，桀之所喜也，湯事之以千金。而得成其天子，此湯之陰謀也。」

依上引，女華和妹喜身份不同，妹喜是奉故國有施之命，到夏國裏來作間諜工作的；女華却是受了「千金」，被湯利誘出賣祖國的。在桀的面前也是哀樂不同：女華（和琬）是桀所愛的；妹喜又却是棄婦了。但不論女華是湯在夏國收買的內間也罷，或妹喜是有施派駐夏國的間諜也罷，或女華和妹喜根本就是一人也罷，總之夏國有過一個第五縱隊女隊員，這個史實是晉人的史蘇所證實的，魏人（古本竹書紀年作者）也是證實的，就是楚人也都證實的。伍員（楚人，後歸吳）說：

「夏亡以妹喜。」（吳越春秋）。

屈原問道：

「桀伐蒙山（即岷山），何所得焉？妹喜何肆？湯何殛焉？」（天問）

王逸註天問：

「蒙山，國名也。言夏桀征伐蒙山之國而得妹喜也。」

屈原言外的意思是說，桀伐蒙山，毫無所得；不過引來一位第五縱隊女隊員——妹喜。沒有妹喜，湯又怎樣「殛」了桀呢？這位大文學家最後證明妹喜的歷史，女華和妹喜又是一人了。

妲己　以上考定妹喜，下面接考妲己。國語載史蘇說：

「殷辛伐有蘇氏，有蘇以妲己女焉，有寵，於是乎與呂望（按原文作膠鬲，今據孫武子改之）比而亡殷。」

今本竹書紀年上沒有妹喜，藝文類聚引古本竹書紀年却有女華。依王逸註，女華即妹喜，可見竹書紀年今本是有闕文了。至於妲己，今本竹書紀年上倒是爲她揭開了劇幕：

「（辛）九年，王師伐有蘇，獲妲己以歸。」

書經裏一般認爲不僞的泰誓篇也提到這麼回事：

「作奇技淫巧，以說婦人。」

是聲討商紂爲了取悅於一位「婦人」而作「奇技淫巧」。奇技淫巧是什麼？原來是：

「作瓊室，立玉門。」（今本竹書紀年）

司馬遷史記也詳載這事：

「（紂）好酒，淫樂，嬖於婦人——愛妲己，妲己之言是從。於是使師涓作新淫聲，北里之舞，靡靡之樂……收狗馬奇物充仞宮室，益廣沙丘苑台，多取野獸蜚鳥置其中……以酒爲池，縣肉爲林，使男女裸，相逐其間，爲長夜之飲。」

這不但說明了「奇技淫巧」的內容，也證明了書經上的「婦人」就是妲己。太史公下文接談炮烙之刑。後來的列女傳對於這椿公案也有一個註脚：

「紂膏銅柱下加炭（即炮烙），令有罪者行，輒墮炭中，妲己乃笑。」

這連書裏的「說」字都註明出來。在列女傳上寫的妲己，和妹喜如出一爐：妲己的「笑」，是從看了炮烙之刑逗起的；妹喜的「笑」，却來自「辛（桀）爲酒池，可以運舟，一鼓而牛飲者三十（或作千）人，輢其頭而飲之於酒池，有醉而溺死者，妹喜笑之以爲樂。」妹喜讒殺了關龍逢，妲己也讒害了九侯、鄂侯、箕子、比干等人。兵家就把妲己這件事列作「與呂望比而亡殷」的證據。

褒姒　褒姒的「罪狀」也是由史蘇首先起訴的：

「周幽王伐有褒，褒人以褒姒女焉。有寵，於是乎與虢石甫比而亡周。」

在史蘇以前的諫史官（竹書紀年作者）寫道：

「（幽王）三年，王嬖褒姒。」（今本）

最可信的詩經也說：

「赫赫宗周，褒姒滅之！」

這一位，更是毫無疑義定有其人了。史記等書都詳悉記載着褒姒亡周的史實。按史例看：「妹喜女焉」「與伊尹比」；「妲己女焉」「與呂望比」；「褒姒女焉」「與虢石甫比」，這三個「女」字和三個「比」字，是第五縱隊的要領，說明着都是被滅亡的國家有計劃地送來的女間諜：那麼褒姒亡周也是間諜戰即第五縱隊戰的過程。只是由於她的活動，蠱惑幽王，廢太子宜臼，立己子伯服，以致宜臼勾結犬戎，進攻祖國，宜臼雖然坐了王座（稱平王），宗周也一蹶不振，不得不避戎東遷，開春秋戰國一大亂局：宜臼固然是中國歷史上石敬瑭第一，與叔帶、欒盈、蒯聵、韓王信、盧芳、張邦昌、劉豫、哲布尊丹巴，溥儀、德王、殷汝耕、梁鴻志、王克敏、汪兆銘以及瞿秋白、毛澤東、柴巴桑，同時假借敵國的武力，搗亂自己的祖國，罪不在赦；但褒姒爲「造因」的一人，也是要不得。不過話又說回來，如依史例，她倒是值得欽佩的人，因爲他不是以周人身份出賣祖國，而是以褒人立場來破壞周國的。

晉史蘇檢舉妹喜、妲己和褒姒三案，以反對晉獻公納驪戎獻來的驪姬，他的警覺性確是極高，眼光也實在遠大。晉國後來果然重演一幕間諜劇。再後些年，越王勾踐也開始對吳發動第五縱隊戰，他訓練了西施、鄭旦兩個女間諜，送給夫差，「與范蠡比而亡吳」，這自然是文種讀會了妹喜、妲己、褒姒的歷史的結果。伍員也和史蘇一樣，在西施、鄭旦被「女」來的時候，向夫差提出警告：

「不可！王勿受也！臣聞五色令人目盲，五光令人耳聾。昔桀易湯而滅，紂易文王而亡。大王受之，後必有殃！臣聞美女國之咎，夏亡以妹喜，殷亡以妲己，周亡以褒姒！」（吳越春秋）

伍員的「聞」，當是聞自楚國，因爲在他稍後的屈原曾把妹喜的事當作問題來研究，可見楚史檮杌或周朝古史上定有有關妹喜的記載。也可能「聞」自孫武，伍員和太宰嚭都是「楚奸」，伍員由楚奔到吳國，和孫武同事，當然會讀到十三篇，因而了解伊尹、呂望和妹喜、妲己相「比」的故實。也可能「聞」自史蘇。總之，伍員是兵家，懂得間諜術（即五第縱隊戰），在他看來，妹喜、妲己、褒姒和西施、鄭旦都是女間諜——第五縱隊女隊員。他們都沒有說到女艾，或者因爲不會「考古」罷？

日閥派了許多第五縱隊女隊員到中國來，川島芳子最爲出名，這是大家都知曉的；赤色帝國主義也派了許多第五縱隊女隊員到中國來，鮑羅廷夫人和牛蘭夫人却被人忽視了。帝國主義者只是學會了古代中國的第五縱隊老陰謀的「女」和「比」而已。不過，白色第五縱隊，我們一看就認識，這是因爲她太傻，以「雄冠帶劍」姿態出現，立場鮮明；赤色第五縱隊，我們認也認不淸，這則因爲她太巧，化裝爲「中國共產黨」，巧得連「中國共產黨」自己也不知道自己是什麼東西。

第十章　貴因史觀與唯物辯證法

近代兵學上所講的「利用地形地物」，依我的研究，應該分爲三式：

「三代所貴莫如因」

一、戰鬥的利用；

二、戰術的利用；

三、戰略的利用。

關於戰鬥的「利用地形地物」，是在戰鬥時，利用邱陵、樹林，求得蔭蔽，構成死角，這在一名戰鬥兵都會本能地利用之。戰術的「利用地形地物」，則用於戰術的攻擊與防禦之時，譬如築城等等。我們所受的軍事教育，對於「利用地形地物」，是從戰鬥的利用學到戰術的利用而止；其實還有更高級的「利用地形地物」，便是這裏所謂戰略的「利用地形地物」。現在講的「貴因史觀」，就是戰略的「利用地形地物」．史太林要在戰略上利用中國的「地形」，才來導演偽「中華人民共和國」，要在戰略上利用中國的「地物」，才來編組偽「中國共產黨」和偽「人民解放軍」。

「貴因」二字是一個軍語，一個戰法。係二千幾百年前秦朝丞相呂不韋（公前一九〇——二三五）所創的名詞，寫在他的大作「呂氏春秋」上，名曰：「貴因篇」。他說：

「三代所貴莫如因。因則無敵……湯武以千乘制夏商，因民之欲也……故因則功，專則拙。（按：耑事用兵，曰專。）因者無敵。國雖大，民雖衆，何益？」（貴因篇）

他在「決勝篇」上又說：

「凡兵貴其因也。因也者，因敵之險，以為已固；因敵之謀，以為已事。能審因而加勝，則不可窮矣。」

我講「貴因」，便用他這個軍語。「史觀」是「歷史的觀點」或「歷史的原則」之意。「貴因史觀」是說「一部侵略史，就是貴因史」。

呂不韋說：「三代所貴莫如因」，足見「貴因」這種戰法是夏、商、周三代全用過的。現在先講夏、商兩代的「貴因」史。夏代的北方有一種氏族，名曰窮，漸漸遊牧中原，到達黃河洛水之間。到夏啓（禹子）時代，窮族的酋長名翌（此依甲骨文，今文作羿），企圖侵略夏族。啓死，傳位太子太康。「太康尸位，以逸豫滅厥德，黎民咸貳」（書：五子之歌），翌「因民弗忍，距于河」（同上）；太康不得還國，逃往太康（今河南省太康縣）。翌把太康之弟（即他自已的外甥）仲康扶上王座，使為傀儡；而自已玩弄着仲康，作了夏朝的「父皇帝」。這便是古代偉大戰史左傳上的所謂「因夏民以代夏政」（襄十六年）。這段戰史是「貴因」史的開篇。翌在這篇歷史中創造了「貴因」戰略：一、他侵略夏朝，却不用自己的兵；二、利用夏民自己推翻己國的太康政權，即利用「矛盾」；三、他扶植一個傀儡——即第五縱隊司令員，用夏朝的名義統治夏民，實際上夏朝是被他吞併了。——這和今天史太林侵略我國的戰略是一模一樣的。

夏朝末代的皇帝名桀，被商湯王所滅。商湯王滅桀之前，據孟子所說，桀已失去本國的民心，書經湯誓載，夏國人民對桀有「時日曷喪，予及汝偕亡」的歌謠，可見一斑；桀所統治的國內小民族（聯族）名緡者，也宣布「獨立」了。湯王利用夏桀衆叛親離這一「矛盾」，僅用一千輛兵車便把夏國吞掉（裏應外合）。孟子稱這一役爲「得民之戰」，認爲桀以失民心而亡，湯以得民心而王。

在湯王滅桀的戰爭時代，他的左相仲虺創造了「貴因戰略」理論，載於書經仲虺之誥：

「兼弱攻昧，取亂侮亡，推亡固存，邦乃其昌。嗚呼，殖有禮，覆昏暴。」

左傳襄十二年文曰：

「仲虺有言曰：亡者侮之，亂者取之，推亡固存，國之道也。」

文異義同。指出欲亡敵人之國，必先用敵人之民，敵民先叛，我便取之，可謂極盡利用敵國「矛盾」的能事。上文兩個「固」字，據清儒王念孫父子稱，就是「因」字之誤。然則可改爲「推亡因存」，即推倒自亡的舊政權（例如上文的桀），扶置投降的僞政權（例如下文的武庚）。

次講商、周兩代的「貴因」史。商朝末年的皇帝名紂，被周武王所滅。周武王滅紂之前，據孔孟的書籍所載，紂也失去本國的民心：在貴族方面，庶兄微子「去之」——向武王投降，箕子「爲之奴」——被關入「集中營」了，從易經「內難而能正其志，箕子以之」文句，可見紂王國內確是發生了內亂；在國內諸侯方面，已有「八百」個去向武王「靠攏」；在軍隊方面，更有「十萬」官兵「倒戈」的慘事：因之牧野一戰，武王「不戰而屈人之兵」，紂便自殺殉國，商朝遂亡。荀子說：

「乘殷人而誅紂，蓋殺者非周人，因殷人也。」

便是對這一戰役的講評。桀侵夏，是利用「矛盾」——太康與仲康間的「矛盾」；湯侵夏，是利用「矛盾」——桀與官民間的「矛盾」；周侵商，也是利用「矛盾」——紂與其官民間的「矛盾」：三者同是「以子之矛，攻子之盾」。荀子也把這戰略名之為「因」。

商末的內亂，當然有它的社會原因，如紂王對東夷戰爭的失敗，官吏的貪污，甚至如郭逆沫若所說「農奴的革命」等等；但周武王的參謀長呂望（即姜尚）的親赴商國，掀大內亂，刺探情報，拉攏投降派，也是史有明文，特別是孫武十三篇「用間」篇上的「周之興也，呂望在殷」兩句，直把呂望寫成土肥原，並不見得過火。

商亡之後，周武王封紂之子武庚（祿文）為偽「鄉國皇帝」，使他成為傀儡，代替周朝間接統治商族，另以三監監於武庚左右，這更和史太林今天的戰略相同。當時創立這種制度的人是姬旦即周公（參看拙作「開始第二抗戰」）；而這種制度的理論家則是史佚。左傳襄十四年載：

「史佚有言曰：因重而撫之。」

指說武庚是「重」者（要人），利用他作傀儡，使「撫」商民。

在周代其他文獻中，也頗有「貴因」史料，如周易：

「中行，告公從，利用為依遷（按：二字拚音即成因）國。」

這當然是「因國」（武庚式的偽國家）。又宗周鐘文：

「南服子敢陷虐我疆土，王辜伐其至戮，伐乃都；服子乃遣間來逆邵王 ．南夷東夷具見廿有六邦。」

扶翼「因國」，必先「遣間」，如周遣呂望，拉攏投降派，日本派土肥原，拉攏溥儀，蘇俄派維辛斯基（

舊譯維金斯基）拉攏毛澤東等，均是。此處南服子「遣間來逆邵王」，殆與上例相同。又詩經大雅崧高：

「王命申伯，式是南邦，因是謝人，以作爾庸。」

也是利用謝人，作爲附庸的意思。可惜這三件文字的全部史實已無法考據，否則定可寫出很好的「貴因史」來。

上面，我講過夏、商、周三代的「貴因」。綜合這些史實，現在可以講「因」的意義了。所謂「因」，便是今人所謂「滲透戰術」和「內應路線」的古誼。我們看：一、羿「因夏民」，就是把他的力量滲透到夏朝人民裏去，結果夏民自動距太康於河，便是內應。仲康成爲傀儡之後，夏朝名存實亡，這是更深一層地把羿的力量滲入夏朝，仲康在事實上成爲羿的內應部隊即第五縱隊司令員。二、商湯王滅夏桀，是利用夏桀失去」民心，釀成內亂，衆叛親離，民族崩潰，由夏民歡迎進去的，這是滲透與內應。三、周武王滅商紂，也是利用商朝的內亂，掀大她的內亂，這是滲透，瓦解了八百諸侯，策反了十萬官兵，作爲武王的內應。呂望的特務工作尤爲重要，他是「滲透戰術」和「內應路線」的執行者。周封武庚爲傀儡，另立三監，這是滲透；武庚在反正之前，正是周朝的第五縱隊——內應部隊。總之，就戰略講，欲亡人之國，先利用敵國的「內在矛盾」，使用滲透戰略，並擴大敵國的「內在矛盾」，使那個國內的官民自動叛變，作我內應，甘爲傀儡。這便叫作「因」。再就技術講，「因」就是利用。兵法所謂「因糧於敵」者，利用敵國之糧，爲我之糧。如毛澤東正把大陸食糧送給俄國。「因間於敵」者，利用敵國之間，爲我之間。「因民於敵」者，利用敵國之民，爲我之民。毛澤東的「人民」已成史太林的「人民」。「因軍於敵」者，利用敵國之軍，爲我之軍。「人民解放軍」正是俄國侵華的先遣軍。「因黨於敵」者，利用敵國之黨，爲我之黨。「中國共產黨」已成俄國共產黨。「因國於敵」者，利用敵人之國，爲我之國。「中華人民共和國」已成爲俄國的一省。以下類推。這豈不是戰略的「利用地形地物」？

「貴因」的理論與實踐時代

「貴因戰略」，創自窮羿。他在夏代，屬於異族。這種兵學，不是華夏民族所本有。其他與華夏民族對立鬥爭的民族，想來都會使用這種戰略。這在周幽王時，又被申戎用了一次。

在未敘述申戎如何使用「貴因戰略」之前，先須說明「因」的原始作用。「因」與「姻」同義。氏族社會，母性中心，男子出嫁，故寫爲「因」字。種族社會，男性成爲中心，女子出嫁，才寫成「姻」字。在氏族社會中，甲氏族的男子嫁利乙氏族中去，便成爲乙氏族中的「要人」（滲透）了。一旦甲氏族對乙氏族作戰，這位「要人」即作了甲氏族的內應，於是甲氏族吞併了乙氏族。「因」實爲氏族時代戰法的一種。在種族時代，甲族的女子嫁到乙族中去，也成爲乙族的「命婦」（滲透）了。一旦，甲族對乙族作戰，這位「命婦」及其兒子也必作甲族的內應，於是甲族吞併了乙族。「姻」亦爲種族時代戰法的一種。

周朝正是種族社會，周宣王打敗了申戎；申侯便把女子姻給宣王太子宮湦爲后，生子宜臼，她被滲透到周族中去。宣王又打敗驪戎，驪戎也把女子姻給宮湦爲姬，生子伯服，她被滲透到周族中去。宮湦即位，諡爲幽王，申后爲后，宜臼爲太子。後，幽王寵驪姬，立伯服爲太子，廢申后及太子宜臼，於是「矛盾」發生，周朝內亂。申侯便利用這機會，報復當年戰敗之恥，以（申后及）廢太子宜臼爲工具，進攻周族；驪戎也用驪后及僞太子伯服爲內應，進攻周族：結果，幽王被殺，宜臼成爲申侯的傀儡。不久，宜臼反正，諡爲平王，東遷洛陽，是爲東周。這段周申兩族戰爭中，異族再一次使用過「貴因戰略」。

平王四十九年，春秋時代開始，春秋二百四十年，是「貴因」的理論與實踐時代。在理論方面，第一位大師是仲孫湫，他是齊桓公時代的馬歇爾。那時魯國發生「矛盾」——內亂：公子慶父圖弒閔公。桓公派他去考察。他去過回來對桓公說：

「親有禮，因重固，間攜貳，覆昏亂：霸王之器也。」（左傳閔元年）

所謂「因重固」，是說滅亡或侵略別一國家時，先要把別一國國內得人民擁護的或地位「重」要的人，利用過來，利用的原始方法爲結婚。所謂「間携貳」，是說如果有人對他的政府「携貳」（即「矛盾」）時，侵略者便該把他吸收成爲內間——第五縱隊來使用，扶置他反對本國政府。倘這「携貳」的人同時是「頑固」的人，便更要積極加以利用。這兩句六個字是簡潔完滿的「滲透戰術」和「內應路線」。春秋盛用「貴因戰略」，但到仲孫湫，才有上述的理論出現。這種戰略可溯源於羿，於商湯，於仲虺，於周武，於史佚；但親口說出，成爲理論，實始於仲孫湫。

其次是公子縶，他是秦穆公時代的土肥原。秦國爲了侵略中原，先須控制晉國；爲了控制晉國，先須在晉國扶置傀儡，製造「因國」。當晉獻公卽世時，穆公欲立公子重耳；公子縶反對，說：

「君之言（指立重耳）過矣！君若求置晉君而載之，置仁，不亦可乎？君若求置晉君以成名於天下，則不如置不仁以滑（按：亂也）其中，且可以進退。臣聞之曰：『仁有置，武有置；仁置德，武置服』。」（左傳僖九年）

這是堅決主張扶立夷吾——秦國的女婿。在他看來，夷吾是「不仁」之人，可以作傀儡，是「可以進退」的，卽招之卽來，揮之卽去的人。結果穆公擁立了夷吾。他們說的「置」字，正是「因」的註脚。「滑其中」三字正是擴大「矛盾」。

孔子在這期間誕生，二千五百年來，人們都說他是一個「迂儒」；誰知他却是「貴因」大家？他評戰史，把能否「貴因」列爲戰爭勝利的第一要領。——原來在公前六七〇年，北方民族山戎應用「貴因戰略」在曹國扶置公子赤爲傀儡，然後南下牧馬。六年之後，齊桓公北伐山戎，直擣今日遼寧錦州山戎老巢，奏凱而還。但孔子評論這一戰役，載在穀梁傳上：

「桓，內無因國，外無從諸侯，而越千里之險，北伐山戎：危之也！」（莊三十年）

所謂「因國」，卽用「貴因戰略」所建立的僞國家。一千五百年前，晉朝范甯註曰：「內無因緣山戎左右之國爲內間者」（穀梁傳集註），亦卽由「內間」——第五縱隊主持之國。這是說：齊桓公在北伐之前，不曾實施「貴因戰略」，利用「內在矛盾」，把「內間」滲透到山戎國內，成立「國家內的國家」（詞出「中國之命運」），使爲內應；北伐當時，只有齊國一國出兵，其他「從諸侯」（「與國」）都沒有參加；又是千里長征，關山難越，這該何等「危」險？由這一講評上推斷，這一仗如果由孔子去打，他一定先在山戎之內扶置「因國」，然後聯合「與國」，一同出兵。

他兩次參謀作戰，又都力主「貴因」。第一次在魯哀公十四年，左傳說：

「齊陳恒弑其君壬于舒州。孔丘三日齋而請伐齊三。公曰：魯爲齊弱久矣！子之伐之，將若之何？對曰：陳恒弑其君，民之不與者半（按：此爲陳恒與「人民」的「矛盾」）。以魯之衆，加齊之半，可克也！」

試想：魯國去打齊國，不論持任何理由，總算是國對國之戰。就魯國立場看，齊總算是敵國。孔子在對敵國作戰時，把敵國一半力量算到己國之內，則此一半之敵國官民豈不就是魯國的第五縱隊——「內應路線」？一如今天史太林打中國，而把毛澤東算在蘇軍之內？

第二次，他給衞靈公劃策，史記孔子世家：

「公叔氏以蒲叛。靈公問曰：蒲可伐乎？對曰：可。其男子有死之志（按：効忠靈公），婦人有保西河之志（按：不甘作晉國的奴隸）；吾所伐者不過四五人。靈公曰：善。」

這一戰等於我們明天去打毛澤東，大陸人心向臺灣，婦女不願作奴隸，毛逆澤東僅有一些僞軍，這都是實施「貴因戰術」的好「根據」（辯證法上所用名詞）。

孔子當年的戰法眞是高明已極，誰敢再說他「迂」？但，他的作戰目的，絕對與今天的史太林不同，後者是侵略戰，而他的則是「義戰」。

孔子在防禦戰上，也力主嚴防敵人使用「貴因戰術」。論語季氏：

「季氏將伐顓臾……孔子曰：何以伐爲？……丘聞之：有國有家者，不患不均（「矛盾」）。蓋均無貧，和無寡，安無傾。夫如是，故遠人不服，則修文德以來之，既來之，則安之。今……遠人不服，而不能來也；邦分崩離析（「矛盾」），而不能守也；而謀動干戈於邦內（「矛盾」），吾恐季孫之憂，不在顓臾，而在蕭牆之內（「矛盾」）也（按：預言陽虎之亂）。」

這段大文章，抵得一部魯登道夫全民族戰爭論，字字是嚴防「滲透」，根絕「內應」——化除「矛盾」的具體辦法。「不均」「不安」，敵人便乘這機會「滲透」進來，將「寡」者「貧」者組成第五縱隊，國家便分崩離析，禍起蕭牆，恰是我們昨天大陸失敗的眞正緣由。孔子在大題目上絕不作唯心論，純是現實主義者，誰說他「迂」？

孔子之後有左傳（題爲左邱明撰；我考定係吳起所作）、道德經（題爲老子撰）、十三篇（題爲孫武撰）和國策四部兵書。左傳重心是春秋戰史，而且是一部「貴因史」，閱本書可知。國策齊策：

「因而親之，貴而重之。」

這是「貴因」。道德經：

「將欲取之，必姑予之。」

也是「貴因」，此係對「因國」的傀儡而言，譬如史太林對於毛逆澤東，他要併吞中國，却先給毛逆澤東一個僞「中華人民共和國」。十三篇重要內容正是「貴因」。如計篇：

「兵者，詭道也……利而誘之，亂而取之……親而離之（按：利用「矛盾」，擴大「矛盾」）……

……此兵家之勝，不可先傳也。」

與上引仲虺原文「亂者取之」如出一人手筆，同是「貴因戰略」的實施要領。但十三篇對於古代傳來的「貴因戰略」，予以一大發展：它不單把「貴因」當作戰略使用——在敵人國內從事戰略的「利用地形地物」；而且當作戰術和戰鬥使用——在敵人國內和軍內從事戰術和戰鬥的「利用地物」，也卽在「全國爲上，全軍次之」，「不戰而屈人之兵」和「上兵伐謀」等等戰略的「貴因」之外，寫出戰術和戰鬥的「貴因」，這便是「用間　」中的理論。

「用間篇」分間諜爲五種：

一、鄉間；
二、內間；
三、反間；
四、死間；
五、生間。

「鄉間」由敵國的「人民」任之（例如：僞「人民解放軍」即由「人民」編成者），原文云：

「鄉間者，因其鄉人而用之。」

「內間」由敵國的官吏任之（例如毛逆澤東之於蘇聯，吳逆石之於僞「北京」）。原文云：

「內間者，因其官人而用之。」

「反間」由敵國的間諜充任之，原文云：

「反間者，因其敵間而用之。」

「死間」由本國人爲之，原文云：

「死間者，爲誑事於外，令吾間知之，而傳於敵。」

「生間」亦由本國人爲之，原文云：

「生間者，反報也。」

我們特別要注意，這五種間諜中的「鄉間」、「內間」和「反間」，統由敵國官民任之，就是「死間」和「生間」也有由敵人官民充任的史例，這樣他的五間可以說都用的是敵國官民。敵國官民何以不愛其祖國，却賣其祖國，替我國作間諜——卽第五縱隊？這唯一妙訣，在一「因」字。二千年來，讀此書者，通統滑口而過，未求甚解，忽略這一「因」字。這一「因」字便是上文詳引的「賁因」的「因」字，「因其鄉人」，敵國的人民便可替我國作「鄉間」；「因其官人」，敵國的官吏便可替我國作「內間」；「因其敵間」，敵國的間諜也可替我國作「反間」；以至作「死間」、「生間」，工夫都在這一「因」字上。

前文釋「因」爲「利用」。「利用」含「收買」——「利誘」、「威脅」、「欺騙」、「麻醉」、「拉攏」——「扶置」諸義。但必須敵國官民與其政府間有了「矛盾」，方能下手利用。即必須「携貳」，方能「用間」。在「用間篇」中所載「因的技術」凡二：

一、爵祿；

二、百金。

在「用間篇」以前，「因的技術」還有一種，即「美色」（此即「因」——「婣」的原始技術）；在二千年來逐漸發現新技術，我按時間先後歸納成爲六種：

一、美色（原始時代）；

二、爵祿；

三、百金（以上十三篇時代）；

四、宗教（拿破崙時代）；

五、教育（十九世紀）；

六、主義（史太林時代）。

用「美色」行「因」，越有西施；今有川島芳子。用「爵祿」行「因」，古有仲康；今有毛澤東。用「百金」行「因」，古有太宰嚭；今有毛澤東。用「宗教」行「因」，法有黎興（越南人，天主教）；日有緬甸僧（佛教）；俄有毛澤東（馬列教）。用「教育」行「因」，日有周作人；俄有劉伯承、朱德。用「主義」行「因」，日有溥儀（「王道主義」）、王克敏（「新民主義」）；俄有毛澤東（「共產主義」）。六種「因術」，用其一，即可收功，舉而用之，上智難逃。今日史太林利用毛逆澤東作「內間」（第五縱隊）

，便是六「因」全用。

話往回來說：「用間篇」五間工作，首爲達成「先知」，即搜集情報，「凡軍之所欲擊，城之所欲攻，人之所欲殺，必先知其守將、左右、謁者、舍人之姓名」；其次則爲「爲誑事於外，使傳於敵」，即作反宣傳及造假情報；其三爲擴大情報網，即吸收「鄉間」、「內間」和「反間」；其四爲監視「死間」和「生間」，這都屬於戰術或戰鬥的使用範圍。「用間篇」就這樣地把它以前戰略的「貴因」加以深刻化、精細化、分工化，變爲戰術和戰鬥的「貴因」。

下面便到了呂不韋的時代，他喊出「三代所貴莫如因」。

秦時有人寫一本「千字文」，名叫「急就篇」，論「貴因」的功效：

「更卒歸城自諸因！」

漢朝司馬談「論六家要旨」，說：

「因者，君之綱也！」（史記：太史公自序）

「貴因史」到此有了結論，就是說，凡爲君者，治民、守國，以至對外侵略、作戰，都要「貴因」——利用敵國「人民」的「內在矛盾」，實施滲透；擴大「內在矛盾」，爭取內應。

到後漢，出了一位偉大的特務——班超（梁啓超說），制定「六字眞言」：

「用夷狄，攻夷狄！」（後漢書．班超傳）

他帶領三十六人，縱橫西域數十年，斷匈奴的右臂，取諸國上版圖，唯一的辦法是扶置「兒皇帝」（因國於敵），建立「先清軍」（因軍於敵），還不是「貴因」的舊策？後漢書稱他善讀春秋——即左傳，當然，春秋左傳正是一部「貴因史」（土肥原「以華制華」，係學班超）。

漢朝以後，有六韜一書出現，託名姜尙（呂望）。內有「文伐篇」，詳列「因的技術」，凡十二節：

「一曰：因其所喜，以順其志，彼將生驕，必有好事。苟能因之，必能去之。

「二曰：親其所愛，以分其威，一人兩心，其中必衰，廷無忠臣，社稷必危。

「三曰：陰賂左右，得情甚深，身內情外，國將生害。

「四曰：輔其淫樂，以廣其志，厚賂珠玉，娛以美人，卑辭委聽，順命而合，彼將不爭，奸節乃定。

「五曰：嚴其忠臣，而薄其賂，稽留其使，勿聽其事，亟爲置代，遺以成事，親而信之，其君將復合之，苟能嚴之，國乃可謀。

「六曰：收其內，間其外。才臣外相，敵國內侵，國鮮不亡。

「七曰：欲錮其心，必厚賂之。收其左右忠愛，陰示以利，令人輕業而蓄積空虛。

「八曰：賂以重寶，因與之謀，謀而利之，利之必信，是爲重親，重親之積，必爲我用，有國而外，其地必敗。

「九曰：尊之以名，無難其身，示以大勢，從之必信，致其大尊，先爲之榮，微飾聖人，國乃大偷。

「十曰：下之以信，以得其情，承意應事，如與同生，既以得之，乃微收之，時乃將至，若天喪之。

「十一曰：塞之以道，人臣無不重富與貴，惡危與咎，陰示大尊，而微輸重寶，使高其氣，富貴甚足，而常有繁滋，徒黨已具，是謂塞之，有國而塞，安能有國？

「十二曰：養其亂臣以迷之，進美女淫聲以惑之，遺良犬馬以勞之，時與大勢以誘之。」

文義時有費解，句讀亦不易明，但大體可以作爲「用間篇」的註文。

以上綜述「費因」的理論。理論產生實踐；實踐補充理論。從春秋、戰國，下迫秦朝、漢朝，用「費因」的理論所產生的實踐史，計有八十餘件。

彼得大帝的「貴因篇」一　「貴因戰略」及「貴因戰術」，唐末傳入契丹。契丹主耶律德光，利用這種戰略，扶植石敬瑭爲僞「大晉皇帝」，即契丹侵略中國的先遣軍。其後，又建立劉崇的僞「北漢」國。再傳入於女眞，造成張邦昌的僞「大楚」和劉豫的僞「大齊」。三傳入於蒙古。四傳入於俄國（詳見中央日報所載拙作「赤色第五縱隊之佯投」）。十七世紀，俄國彼得大帝精通「貴因」，留下有名的政治遺囑（全文見「自由中國」二卷五期）。茲擇錄原文，逐條析論如次：

「六、俄羅斯皇室家族，應擇德意志王族，以爲配偶，藉以增强家族聯系，促進關懷之切，從而使德國事件牽涉於我，逐漸加强吾人之勢力。」

這正是最原始的「貴因」——「貴姻」；但他是反用，不使德女滲透到俄國來作內應，反把俄婿滲透到德國去「增强聯系」。

「三、遇有機會，即參加一切歐洲糾紛事件，尤以德國爲首要，蓋以其毗鄰俄疆，休戚相關也」這是他實施「貴因」所採的重點。遇有歐洲「矛盾」，尤其德國內部及德與各國間之「矛盾」，必儘量利用，達成「亂而取之」的目的。

「四、支持波蘭不斷之變亂紛爭，從而分解其國家：用金錢交歡其權貴，賄買貴族及國會而左右之，俾掌握皇室國會之選舉。國王選舉則獎掖支持已黨。派遣軍隊進駐波蘭，尋求機會以長戍彼土。德國如有異議，設法使其暫時安靜，例如分予一部土地，俟適當時機，再行收回。」

對波戰略，仍是用「因」。「支持波蘭不斷變亂紛爭，從而分解其國家」，即班超所謂「用夷狄，攻夷狄」。「用金錢交歡其權貴，收買貴族及國會而左右之」，就是利用「百金」，收買「內間」，爲六種「因」的技術之一。結果是「掌握皇室國會之選舉」，俾「親俄黨」掌政。這與今天史太林在各國編組僞「共產黨」，纂取政權，使之「一面倒」向蘇俄，正是一模一樣。

「五、盡量掠奪瑞典領土，使其向我攻擊，俾獲出師征討之口實。爲達此目的，須使瑞典與芬蘭相互隔離，並不斷煽惑其對立。」

利用瑞典民族與芬蘭民族間「矛盾」，「煽惑其對立」——獨立，正是今天史太林「援助世界弱小民族」的藍本。

「十、設法同奧地利締結同盟，並審愼扶植之，對外支持其異日統治德國之企圖；同時則煽惑德國諸王侯對奧國之嫉視。對德意志諸王國，則使其個別向俄羅斯請求援助，藉以對其施行保護，而爲吾人日後統治之先聲。」

「十一、鼓舞奧地利皇室，使其將土耳其人逐出歐洲；俟佔領君士坦丁堡後，即設法使之與其他歐洲國家捲入戰爭漩渦；或畀以所奪取土耳其領土一部，藉息其忿，其地日後仍可索回。」

「十二、儘一切可能範圍內，將在匈牙利、南波蘭……等國之亂黨、希臘人收容於俄國，使其傾向於我，對其予以支持，並以普遍控制權連同精神上優越感加諸彼等，使其在敵人陣營中用作吾人之友好。」

第十條，首先利用德奧「矛盾」，使之互戰；其次利用德國國內諸侯「矛盾」，使諸侯互戰，分別親俄，「施行保護」。第十一條，利用土奧「矛盾」，使之互戰；俟奧國作了貓脚爪，爲俄國火中取栗後，再利用奧國與其他歐洲各國之「矛盾」，助之擴大，打殺這匹貓。第十二條，拉攏匈、波亂黨及希臘人，使其在敵人陣營中作俄國的毛澤東、金日成、胡志明。而大彼得當年所用「因」術除「百金」外，尚有「普遍控制權」（即「兒皇帝」或「主席」之權），是爲「因的技術」之「爵祿」；還有「精神上優越感」（即「獨立」、「解放」、「革命」），亦即「因的技術」中之「主義」。

大彼得應用上述「貴因戰略」，打出如意算盤，看他說：

「十三、俟依照上述步驟，分裂瑞典（按：見第五）……奴役波蘭（按：見第四及第十二）……征服土耳其（按見：第十一），吾人戰艦控制黑海及波羅的海後，當分別秘密先向凡爾塞宮（按：法國）繼向維也納宮（按：奧國）提議分配世界統治權。倘兩皇室有一接受吾人之建議——如能適當地鼓舞其虛榮及自尊心，接受自無疑問——當利用之以消滅另一皇室。最後則僅存之皇室，亦當誘其與我作戰而消滅之，蓋其時俄羅斯已爲東方全部及歐洲大部之盟主，是戰爭之結果當無庸置疑。」

本條前數行，是大彼得自作的實施「貴因戰略」的結論，用此戰略，他判斷必可「分裂瑞典」，「奴役波蘭」，取得波羅的海；「征服土耳其」，掌握黑海。後數行，則爲達成上述戰略目的後，進一步統治歐洲，所用戰略，仍是「貴因」——利用法奧兩國「矛盾」，一個一個地消滅之。

「十四、倘兩強（按：法與奧）俱不接受俄羅斯之建議（按：卽第十三條後數行）——此殆爲不可能之事——則當挑撥彼二者紛爭，以削弱其力量。俟決定之時機來臨，俄羅斯可動員一統之部隊：：戰勝此兩國後，歐洲他部不需攻擊，自必臣服於吾人統治之下……」

本條仍是用「因」——「挑撥彼二者紛爭，以削弱其力量」，最後予以擊破。

吾人讀了這一遺囑，深知他們所採用者都是「東方式」（羅素語）的「貴因戰略」，和十三世紀以後蒙古人統治歐洲所用者，完全符合。在大彼得以前，歐洲不是沒有這種戰略（參見：陳祖耀君所作「古希臘的第五縱隊」及拙作「摩西戰略論」），當然可供大彼得作參考，但絕對沒有「東方式」的較爲完備與陰鷙，所以我斷定他是由蒙古人學習去的（參看：多桑蒙古史）。

大彼得薨後，喀德鄰果然根據遺囑第六條，被俄皇娶來。她弒彼得第三而自爲女皇，便根據遺囑第四條，扶置波蘭奸黨，與德奧瓜分了波蘭。

「貴因戰略」第五傳而入德法。拿破崙征服歐洲，曾盛用這一戰略；他同時的德人黑格爾並且將此戰略發展成爲哲學：黑格爾的辯證法。據筆者研究，除「辯證」一詞源出希臘外，其內容，實卽呂不韋的「貴因篇」與老子「道生一（正），一生二（反），二生三（合），三生萬物」的混合體（黑格爾在西洋哲學史中，屬於東方派。）呂不韋講「矛盾」；老子講「矛盾」及其發展。

辯證法的「祕密」　黑格爾認爲宇宙間的變化是辯證的，就是說：自此「存在」變爲彼「存在」，自此狀態變爲彼狀態，是依照矛盾發展方式進行着。黑格爾辯證法的定義，可以說是「矛盾產生發展」。他的基本理論說，一切「存在」，除「存在」的本身以外，在存在之內，另有「存在」的「對面」的東西。換句話說，每一「存在」的眞實意義，除共「所是者」以外，還包括共「所非者」在內。這所謂「存在」本身的「對面」的東西（就是「所非者」），正是這個「存在」（就是「所是者」）的一個活動原理。這理論若用最抽象的話說，就是黑格爾派的「三級式」。——「存在」（即「所是者」），他叫做「正提說」；此「存在」的「對面」（即「所非者」），他叫做「反提說」；「正提說」與「反提說」，相互「矛盾」，便產生了發展，這發展，他叫作「合提說」，簡稱曰：正、反、合。

「三級式」的出發點很簡單。是凡我們經驗中的「存在」，在同一時刻裏總會是「A」而不是非「A」（即邏輯學上的「同一律」）。黑格爾却認爲，如果這樣，則宇宙是不變動的了：他認爲一物不再是原來的「所是者」，而變爲原來的「所非者」，宇宙間才有變動的可能。他把「一物之所非者」，叫做「矛盾」，將事物本身的「矛盾」（因而產生「衝突」），認作萬事萬物生生不已的根本原因。他在社會科學百科全書中說：「矛盾即是推動世界的原理」。在他的眼裏，這原理普遍適用宇宙中的一切事物，因爲一切「存在」都包含着「對面」（「矛盾」）的東西。他並且主張此「所是者」及「所非者」，即「存在」本身及其「對面」的東西，因彼此作用力量而產生的第三者，仍有前二者在其中繼續地作某種狀況的「存在」。

上面，就是黑格爾辯證法簡明的要領。他普遍地把它應用在一切事物上，人與物、經濟制度、社會制度、帝王的政策（統治與侵略及作戰）、科學的假說及宗教的教義。

馬克斯接受了黑格爾的辯證法，而在上頭加以「唯物」兩字。他用唯物辯證法主要地說明資本主義經濟制度（當於「正提說」），必會——据他說——變爲共產主義經濟制度（當於「合提說」），因爲資本主義經濟制度中包含着（資產階級與無產階級的）「矛盾」（當於「反提說」）。這唯物「三級式」如下：

正——資　本　主　義　經　濟　制　度
反——無產階級對資產階級鬥爭（生產力與生產關係的矛盾）＞合——共產主義經濟制度

然而，這實在是馬克斯的「空想」，是道地的機械論（參看拙作「唯物辯證法批判」）。

列寧接受了馬克斯的唯物辯證法，制定了他的冒牌「世界革命策略」：

正——帝　國　主　義
反——殖民地與帝國主義鬥爭＞合——殖民地革命的成功

史太林於繼承蒙古人的「貴因戰略」及大彼得遺囑之外，更接受了馬列的唯物辯證法，而以唯物辯證法掩飾「貴因戰略」，來推行「帝王的政策」，企圖統治世界，侵略中國。他的唯物「三級式」如下：

正——中　華　民　國
反——「窮人」對「豪門」鬥爭＞合——「中華人民共和國」

正——中　華　民　族
反——蒙古人對大漢族主義鬥爭＞合——「蒙古人民共和國」

唯物辯證法的基本要領，即由唯物方面認識「矛盾」，利用「矛盾」，擴大「矛盾」。馬克斯在一八四八年寫「共產宣言」，充分運用了唯物辯證法——即「貴因」；列寧於一九一七年十月，發動俄國革命，認識了俄國的「矛盾」，利用了俄國的「矛盾」，「因共麵包、土地與和平而用之」，推倒克倫斯基；並於一九一九年組織「第三國際」，利用世界的「矛盾」，「因其民族主義而用之」，進行冒牌「世界革命」。史太林今天大舉侵略，更無時無地不利用唯物辯證法——即「貴因」，認識各被侵略國內的「矛盾」，加強其「矛盾」——在中國爲「扶毛倒蔣」，用「人民」打倒「國民」，眞是集「貴因」的大成了。

史太林於一九二七年（民十六年）七月二十八日「時事問題」簡評一文中，曾具體指出列寧決定策略的三個原則，說：

「有幾個列寧主義的原則，要不顧及他們，無論正確領導中國革命（按即侵略中國之飾詞），無論審查共產國際在中國的路線（按即特務路線），都是不可能的。」

他的所謂列寧策略三原則，仍是唯物辯證法的看法，即就「貴因史觀」的立場看，沒有一個原則不是「貴因」的：

「一、必須估計每個國家的民族特點；

「二、必須利用最小的可能，去保證無產階級有羣衆性的同盟軍；

「三、必須在羣衆自已的親身的政治經驗中來教育羣衆。」

俄帝對此三原則，認爲第一個是所謂「認識中國國情問題」，以此原則，認識中國內部社會的政治的和民族的「矛盾」。利用「矛盾」，組織赤色第五縱隊，而名爲「中國共產黨」。

第二個原則，在赤色第五縱隊術語中即所謂「統戰」問題，也就是俄帝利用中國社會上政治上民族問題上的次要的「矛盾」，以之加强主要的「矛盾」——「窮人」與「地主」及「豪門」的「矛盾」，而組織赤色第五縱隊的第五縱隊（「民盟」之類）。列寧說：

「要想戰勝此較强大的敵人，只有把各種敵人之間的那怕是最小的『裂痕』，把各國資產階級之間的一切利害矛盾，把各國國內的資產階級的各種派別和各種形式之間的利害矛盾，都一定要過細的、最關心的、最謹愼的、最聰明的利用起來，以便能使自已得到羣衆性的同盟軍。那怕甚至這個同盟軍是暫時的、動搖的、不鞏固的、不可靠的、相對的，也應如此。」（左派幼稚病）

史太林對此亦有解釋：

「關於無產階級的同盟軍問題，是中國革命的基本問題之一。在中國無產階級面前站立着各種强大的敵人……爲得打毀這些強大的敵人，除其他一切而外，必須要有無產階級的靈活的和愼重考慮的政策，必須利用各種敵人營壘中的每一裂痕，必須爲自己找到各種同盟軍，那怕甚至他們是動搖的、不鞏固的。但要有一個條件，就是同盟軍，是羣衆性的同盟軍，就是他們不限制無產階級政黨的革命宣傳和鼓動，不限制這個黨進行組織工人階級和勞動羣衆的工作。」（時事問題簡評）

列史根據此種唯物辯證法的戰略——（卽「貴因」），在第一次大戰時期，利用克倫斯基和孟雪維克，組成「同盟軍」。他們駐中國的赤色第五縱隊，在民國二十三年至二十五年，利用「七君子」和國民政府之間的「矛盾」，及張學良楊虎城和中央軍的「矛盾」，而組成「同盟軍」，在抗戰勝利以後，纔利用「民盟」與國民政府間的「矛盾」，「團結多數，打倒少數」，這通統是「貴因」。

關於第三個原則，史太林說：

「就是關於變換各種口號，以及關於這種變換的程序和方法的問題，……也就是說用什麼方法才能使羣衆自己在其親身的政治經驗中，相信黨（按：赤色第五縱隊）的口號，是正確的，而是把羣衆引導到革命（按：賣國）的陣地。而說服群衆僅靠一種宣傳與鼓動是作不到的……必須使廣大羣衆自己在其親身遭遇中體驗到，譬如說，某種制度推翻必不可免，某些新的政治秩序和社會秩序建立必可能。」（時事問題簡評）

這是利用「羣衆」（卽叛徒）對政府的「矛盾」的自身體驗與認識，而教育他們擴大「矛盾」。

除了上述列寧「貴因」的三個策略之外，史太林在「列寧主義基礎」一書上，提出自己的「貴因」：

「一、革命的高潮或低潮時期，如何決定行動路線，更換鬥爭形式，組織形式及鬥爭口號；

「二、抓住中心環節，卽必須善於自一般當前任務中，抓住一個中心任務，以爲解決其他任務之樞紐。」

關於前者，陳逆紹禹解釋謂：「卽嚴格估計當地之革命（按：卽叛變）形勢，係高漲（按：「矛盾」大）

抑為低落（按：「矛盾」小）？以決定策略。高潮時，策略為進攻，鬥爭形式與組織形式隨之變更，以適應鬥爭；低潮時，策略應為退守，鬥爭形式與組織形式，亦與高潮時不同，應善於將合法工作聯系秘密工作，將大規模羣衆運動之鬥爭形式與組織形式，轉變為部份的零星羣衆鬥爭，或即轉入掩蔽秘密狀態，儘量利用合法組織，隱藏其內，儘可能的利用合法，進行活動。」（陳逆：馬列主義的策略原則）仍是講怎樣認識「矛盾」，怎樣利用「矛盾」。

關於第二，史太林引用列寧的話：「需要善於在每個時機裏找出這樣一個特別的環節，對於這個環節，應當用所有的力量，把他抓住，以便握着整條鏈子，並穩固地準備過渡到以下的一個環節」。然後他補充說：「應當從當前許多任務中間挑出一個中心任務，保證有效地解決其餘的當前任務」。列寧要在中國組織「中國共產黨」，他便抓住「五四的學生」這一環節，史太林把「中國共產黨」改編為第五縱隊，他也抓住「抗日的青年」和「不平不滿的份子」。

列寧對於英美帝國主義當年如何利用蘇俄與白俄的「矛盾」，即實施「貴因」，在蘇俄內部編組第五縱隊，特有認識。他在「以全力與鄧尼金鬥爭」一文中說：

「一九一八到一九一九，蘇聯撲滅了東戰線上帝國主義的走狗高爾察克；一九一九到一九二〇，又擊潰南戰線上帝國主義的走狗鄧尼金。」

「高爾察克和鄧尼金是蘇維埃共和國主要的唯一重大的敵人。假若協約國（英、法、美）方面不對他們援助，他們早就崩潰了。僅因協約國的援助，才能使他們成了有力的。但他們却仍不得不時時冒充『民主政治』、『立法會議』、『人民政府』及其他等等的擁護者，來欺騙民衆。孟雪維克和社會革命黨都甘心受欺。」

就蘇聯（或「因國史」）的立場看，高爾察克和鄧尼金，自然是英、法、美在蘇俄國內編組的第五縱隊，所以列寧喊他倆為「帝國主義的走狗」。這兩支第五縱隊却「冒充」「民主政治」、「人民政府」，「欺騙」蘇俄的「民衆」。列寧的門徒——史太林，在中國編組的第五縱隊，冒充「民主政治」和「人民政府」欺騙中國的「民衆」，當然也是蘇俄「帝國主義的走狗」，其理自明。

史太林不單熟悉列寧剿滅第五縱隊的經驗，他還講評過英、美、法、日帝國主義在中國編組第五縱隊的事：

「當直接開入異族軍隊會引起若干抗議和糾紛的時候，武裝干涉是有比較圓滑的性質和比較偽裝的形式的。在目前的條件之下，帝國主義寧可用組織非獨立國家內戰的方式，用撥款支援反革命力量反對革命的方式，用精神與財政支持它們中國走狗反對革命的方式，來進行武裝干涉。帝國主義者是故意把鄧尼金和高爾察克，尤德尼契和符郎格爾反對俄國革命的鬥爭，形容為純粹內部鬥爭的；但是我們大家都知道，不僅是我們，而是全世界都知道，站在這些反革命的俄國將軍背後的是英國和美國、法國和日本的帝國主義者，沒他們的援助，俄國嚴重的內戰是完全不可能的。關於中國也可以這樣說，吳佩孚和孫傳芳、張作霖和張宗昌反對中國革命的鬥爭也簡直不可能的；假使不是各國帝國主義者鼓舞這些反革命的將軍們，假使他們不把自己的財政、武器、指導員『顧問』等等供給他們的話」

「所以問題不僅在於，或者甚至於並不在於外國軍隊的開進；而是在於各國帝國主義者所給予中國反革命的那一種支持：借他人之手的武裝干涉——現在帝國主義武裝干涉的根柢便在於此。」（論中國革命的前途）

上文係一九二六年（民十五）十一月三十日他在「共產國際執行委員會第七屆擴大會議中國委員會」的講詞。倘把原文中的鄧尼金、高爾察克……以及吳佩孚、孫傳芳等名詞去掉，代入毛澤東；把英、美、法、日等名詞去掉，代入蘇俄，豈不是天造地設，毫無軒輊？史太林懂得太多了，在中國仿行得也太肖了。而他最狠毒的一點，是把他的陰謀掩藏在「哲學」（所謂唯物辯證法）和「邏輯」的「障眼法」之內來進行，隱藏在「革命」和「解放」的「遮羞冠」之下來推展：使偽「中國共產黨」這一支赤色第五縱隊，即偽

「中華人民共和國」這一赤色「因國」，拜倒於唯物辨證法的石榴紅裙之下，永遠不能覺醒，這正是大蒙得利用「精神上優越感」，嗾使波蘭僞黨，吞併波蘭的優良傳統——隱體戰。

辨證法應用於自然、生物、人生、宗教……等方面，原本一竅不通；惟獨應用於革命、統治、侵略、作戰等方面，却有作用。一如「貴因史觀」只能用來解釋革命、統治、侵略、作戰；而不能說明自然、生物、人生、宗教是一樣。史太林等善用唯物辯證法，表面上是「革命」，骨子裏是侵略；毛逆澤東迷信唯物辨證法，認為自己是在史太林領導下幹着「革命」，那裏曉得自己已是替代史太林作貓脚爪，侵略（出賣）自己的祖國？倘使他能讀讀我的「因國史」和「貴因史觀」，也許能幡然悔悟？但怕已經晚了！史太林既把他當作戰略的「地物」（「內間」）來利用，完成築城，關起鐵幕，他又怎能逃出紅色如來的手掌？

（三十九年雙十節寫於鳳山，十二月五日刊於反攻半月刊。）

跋

右尺子所著因國史一冊。余知君文名甚久；勝利時余重蒞瀋陽，復屢聞熊天翼先生贊許君之文章，並刊所著乙酉六十年祭，畀余讀之；余亦累於報端見君所為社論專論，博古通今，力言中共並非政黨，亦非軍閥，更非土匪，而實為蘇俄在華之第五縱隊。三十六年東北有「八一四文化運動」發生，文教界靡然從風，以反侵略、反破壞、反滅亡為號，主張打倒赤色帝國主義，肅清赤色漢奸，取消「八一四」不平等條約（中蘇友好同盟條約），由君主持之；又有「保防宣傳週」者，十餘大城同時示威，瀋陽市遊行者即達十二萬人，亦為君居中發動指揮者，余處處右成之：於是識君困不僅為一文士已也。東北淪陷前夕，君持文集「開始第二抗戰」云將付梓，屬為題耑，迨余復往徐州，是書亦出版。時失敗主義頗流行，而君反共必成抗俄必勝之信心如故。去春同客臺灣，君以「孽子」心情，發表真涅槃室札記，揭露史帝毛奸勾搭掌故，而君名宏震寶島。在鳳山軍校開蘇俄研究等課，先後受訓將校尉官近萬人，其中識余者對君無不心折。今君將刊其因國史，以余尚能粗讀戰史，屬為跋。

余按君書所稱因國，係帝國主義在其假想敵國中組織內奸，由內奸叛其中央，建立僞國，而此帝國主義則藉以吞併其敵國者。此種「滲透戰略」「內應路線」思想，在西洋詳載於舊約及希臘史，在東方則以孫子十三篇為最稱完備。孫子名此內奸曰「上兵」（上兵伐謀），名樹立內奸之目的曰「全國」（全國為上），所以達成「不戰而屈人之兵」。內奸凡三種：曰：鄉間；曰：內間；曰：反間。孫于曰：「鄉間者，因其鄉人而用之；內間者，因其官人而用之；反間者，因其敵間而用之……」此文所用因字，為組織內奸之要領。古今註因字者均依說文「就也」「親也」，似亦可通；君則釋因為姻，謂氏族社會男子出嫁，故寫為因；種族社會女子出嫁，改寫為姻云。余考其說，於古亦信而有徵：蓋因字，唐韻云：「於真切」，集韻、韻會、正韻並作「伊真切，並音姻」；而姻字，唐韻云：「於真切」，集韻、韻會、正韻並作「伊真切，並音因」：因姻同切互音，其證一也。姻字，說文云：「壻家也」，爾雅云：「壻之父為姻，婦之父為婚；婦之父母壻之父母相謂為婚姻」，禮昏義疏云：「壻曰婚，妻曰姻；壻以昏時而來，女因之而去」。「因之而去」云者，卽嫁之而去亦卽姻之而去也：因姻義同，其證二也。因卽姻，則因國卽姻國：君之新說為不誣矣。然則「因其鄉人」者，姻其鄉人也；「因其官人」者，姻其官人也；「因其敵間」者，姻其敵間也。敵之鄉人既與我為婚姻（昏因），則成我之鄉間矣；敵之官人既與我為婚姻，卽成我之內間矣；敵之間諜既與我為婚姻，亦卽成我之反間矣。敵人之奸，為我之壻，而敵國之內遂有我之因國矣。君全書述因國凡數十，均所以證明古以壻為內奸或以甥為內奸而建因國，此乃絕大且確之發明，為前人所未道及者。

顧君於此書尚有未及寫者二事，其一「因其官人」卽姻其官人者，可據史記證之。項羽本紀載羽將出擊沛公——

「……楚左尹項伯者，項羽季父也。素善留侯張良……乃夜馳之沛公軍，私見張良，且告以事，欲呼張良與俱去，曰：勿從俱死也……」

吾人就戰史眼光視此際之項伯，在實質上係羽之間諜，而來策反張良者也。

「……良乃入，具告沛公。沛公大驚曰：為之奈何？張良曰：請往謂項伯，言沛公不敢背項王也。沛公曰：君安與項伯有故？張良曰：秦時與臣游，項伯殺人，臣活之。今有事急，故來相告。沛公曰：孰與君少長？良曰：長於臣。沛公曰：君為我呼入，吾得而兄事之。

「張良出，要項伯；項伯即入見沛公。沛公奉巵酒為壽，約為婚姻；曰：吾入關，秋毫不敢有所近……而待將軍。日夜望將軍至，豈敢反乎？願項伯具言臣之不敢倍德也。項伯許諾。」

「約為婚姻」，姻此官人（項伯），則此官人成為沛公之反間兼內間，於是——

「……項伯復夜去，至軍中，具以沛公言報項王。因言曰：沛公不先破關中，公豈敢入乎？今人有大功而擊之，不義也。不如因善遇之。項王許諾。」

迨鴻門晏，范增令項莊舞劍擊殺沛公；「項伯亦拔劍起舞，常以身翼蔽沛公，莊不得擊」（史記）。項羽俘太公，置俎上，將烹之；項伯復說羽曰：「天下事未可知。且為天下者不顧家。雖殺之，無益，秖益禍耳」（史記）。垓下一役，項羽自刎，沛公勝利，乃封項伯為射陽侯，賜姓劉氏。姻其官人，效果之臣蓋如此。

上舉為因敵官人之例。左傳文公十六年，尚有男子因（姻）敵人命婦之例在：

「宋公子鮑，禮於國人。宋饑，竭其粟而貸之，年自七十以上無不饋飴也。公子鮑，美而豔，襄公夫人欲通之，而不可；乃助之施。」

「昭公無道。國人奉公子鮑以因夫人。宋昭公將田孟諸，未至；夫人使帥甸攻而殺之。」

「文公（公子鮑）卽位」。

此一喜劇也。「國人奉公子鮑以因夫人」云者，卽國人以公子鮑姻於夫人或使之姦通之謂也。姻其命婦，效果之巨復如此。

君書列「因術」凡六：其首曰「美色」，指爲原始之「因術」。據余上引二例以觀，可謂絕無疑義。春秋去古已遠，因字失其本誼，卽孫子亦知其當然而不知其所以然，用間篇中「因其鄉人」，「因其官人」，「因其敵間」，三文簡略，義更不易明；運用之際，雖尚有「美色」一事，與「爵祿」、「百金」相輔而行，但漢人解爲「就也」「親也」，便屬望文生義，而不及君說之爲確詁矣。

以男女因（姻）於敵之人，俾此人或其公子在本國之內反叛中央，建立僞組織，君謂爲原始之因國，余持與古今戰史對勘讀之，均相脗合。君就甲骨文「翌啓因」所證后翌以女子因於啓，生仲康，遂產生最古之因國，亦屬不易之論。卽君所謂「重固因期」諸因國，亦幾乎全由昏因（婚姻）關係而建立者，在根柢上尚未脫離「血緣因期」，不知君以爲然否？卽下至漢代，高祖、宣帝、和帝一貫以公主因於胡人，最後建立南單于因國，以與北單于對立抗爭，亦屬「血緣因期」之連續。迨於拿破侖始以「宗教」行因，史達林易以「主義」行因，而建毛澤東因國，六種「因術」演化之跡歷歷如繪。抑經君一語通破，史毛父子兒皇帝無所逃於天地之間，誠足以振聾而啓聵矣。

就余所見世界戰史論之，古代作戰必先在敵國之內建立因國，使爲傀儡，使爲內應；卽迄近代，此種策略仍在盛行。而古代因國，不徒列為對敵作戰條件之一，即於敵國因此破滅並其因國亦告消亡之後，似尚有一種倫理之「祭法」存在焉。——禮、王制：

「古者，天子諸侯祭因國之在其地而無主後者。」

古代儒書所載因國，並君所引穀梁一條，僅此兩見。揆其義當係對於因國傀儡作貓哭老鼠之假慈悲。今日史達林善植因國以吞併他國，而不旋踵即殺其傀儡或關入集中營，令人生史魔無情今不如古之嘆！

君此書，為反共抗俄聖戰中一部大文章，吾人讀之可正確認識毛澤東之為赤俄傀儡，即在古今戰史林中，亦必有其不可估計之價值，斯則余所欣然推荐於讀者者。顧書中對漢以後尚屬闕文，是所望於君之再努力也。——中華民國四十年元旦，河南趙家驤謹識

今年新書預告

薇堂全集
卷十一

中共論綱

增補第六版，二十五萬字。為本書作者抗戰期間在西北揭發毛偽組織係蘇俄的第五縱隊之論文集。「乙酉六十年祭」亦蒐集在內。（卷十二即本書）

薇堂全集
卷十三

開始第二抗戰

第二版，八萬字。為本書作者勝利後在東北時首倡抗俄（第二次抗戰）之論文結集。

薇堂全集
卷十四

蘇俄侵華隱體戰（即蘇俄研究）

十萬字。為本書作者一年以來在鳳山對數萬將校學員所講的講稿。要目：一、赤色帝國主義的形成，二、赤色帝國主義的戰略（隱體戰），三、赤色第五縱隊的內容，四、赤色帝國的前途。

薇堂全集
卷十五

下馬集

十萬字。為本書作者所作之反共抗俄文獻，原名「祕書集」，可作反共抗俄公文程式讀。

薇堂全集
卷十六

鳳山集

十萬字。為本書作者在鳳山所寫論文隨筆結集，「真偽學與新儒將」「心理作戰綱要」及「真涅槃室札記」（[illegible]四萬餘字）等文均在內。

反攻叢書第三種：因國史

著者：趙尺子

發行所：反攻出版社 台北浦城街

印刷所：萬和印刷廠 台北甘谷街

定價：新台幣五元

中華民國四十年一月一日出版

〇〇〇一——五〇〇〇

反攻叢書

第一種 原子時代與原子戰爭 孫成城著

第二種 遠東赤禍之前因後果 [illegible]冰著